KB073725

성공을 부르는

긍정의 한마디

성공을 부르는

긍정의 한마디

초판 1쇄 찍은 날 2019년 9월 16일
초판 1쇄 펴낸 날 2019년 9월 20일

지은이 이정환
펴낸이 김형성
펴낸곳 ㈜ 시아컨텐츠 그룹

주소 서울시 마포구 성산동 278-22. 태남빌딩 2F
전화 (02) 3141-9671 (代)
팩스 (02) 3141-9673
이메일 siaabook9671@naver.com
등록일 2014년 5월7일
등록번호 제 406-251002014000093

ISBN 979-11-88519-17-0 03190

이 도서의 국립중앙도서관 출판예정도서목록(CIP)은 서지정보유통지원시스템 홈페이지(http://seoji.nl.go.kr)와 국가자료공동목록시스템(http://www.nl.go.kr/kolisnet)에서 이용하실 수 있습니다.

성공을 부르는
긍정의 한마디
이정환 지음

SIAA

사람은 자신이 하는 일에 신념을 가져야 한다.
누구나 자기가 옳다고 굳게 믿는 일을
실행할 만한 힘을 가지고 있는 법이다.
자기에게 그러한 힘이 있을까 망설이지 말고
나아가야 성공할 수 있다.

| **괴테** |

책머리에

계획을 세우십시오. 일년의 계획과 한 달의 계획을 세우고 하루의 계획을 세워야 합니다. 돈을 버는 계획도 좋지만, 돈을 쓰는 계획도 필요합니다.

누군가를 사랑하고 있다면 보다 진하고 후회 없는 사랑을 하는 것이 좋습니다. 사랑을 받기보다는 아낌없이 주는 사랑을 계획하십시오. 설사 사랑이 식더라도 아낌없이 베푼 쪽은 후회가 남지 않습니다.

선물을 받았을 때 그만큼만을 계산하여 되돌려 주어서는 안 됩니다. 스무 송이의 꽃을 받았으면 최소한 스물한 송이의 꽃으로 되돌려 주어야 합니다. 선물을 받고 감동했다면 그보다 더 진한 감동을 선사할 수 있어야 하는 것입니다.

하루 한 가지 이상 남을 위한 선행을 베푸십시오. 남의 도움을 받을 때보다 마음은 훨씬 밝고 가볍습니다. 빚쟁이가 되지는 마십시오. 돈에만 빚쟁이가 있는 것은 아닙니다. 세상에는 마음의 빚으로 전전긍긍하는 사람이 더 많습니다.

성공한 사람들은 시간을 무의미하게 사용하지 않습니다. 계획하고 실천해야 할 하루의 일들이 너무나 많기 때문입니다. 그들의 인생에는 감동이 묻어나는 사연이 많습니다. 하지만 세상에서 낙오자로 자처하는 사람들의 인생에는 도무지 추억거리가 없습니다. 무미건조해서 함께 하고픈 매력이 생겨나지 않습니다. 그런 사람들은 아주 짧은 시간조차도 타인이 자신의 인생을 조종하도록 내버려 둡니다.

계획과 계산을 혼동해서는 안 됩니다. 계산된 마음에는 늘 초조함이 뒤따르며, 투자한 만큼 보상이 생기지 않으면 그 마음은 곧 증오로 뒤바뀝니다. 그러므로 우리는 보상을 생각하지 않는 마음으로 하루의 인생을 계획해야 합니다.

하루를 여는 아침나절의 5분, 바로 여러분의 인생을 결정짓는 소중한 5분이 되도록 계획하십시오.

차례

책머리에 006

삶
과거를 지우고 미래를 만들어 가는 오늘이 가장 소중한 시간이다

세상은 당신의 손에서 시작된다 019
행복의 권리를 누려라 020
오늘을 잃어버리지 말라 021
즐거운 마음으로 맞서라 022
시간은 당신만이 요리할 수 있다 023
기쁜 소식을 전하는 배달부가 되어라 024
외적인 모습은 살아온 인생을 대변한다 025
선행을 베푸는 일에 내일은 없다 026
긍정적인 마음을 가져라 027
상상하는 것만으로 힘이 된다 028
영혼이 맑아지는 일을 선택하라 029
모든 잘못의 근원은 내 안에 있다 030
자신보다 훌륭한 점을 발견하라 031
인생의 목적을 분명히 하라 032
완벽한 천재이기보다는 조금 모자란 바보가 되어라 033
어리석은 자보다는 현명한 자가 되어라 034
좋은 행동은 행하고, 나쁜 행동은 미룬다 035
말을 최대한 압축하면 침묵이 된다 036
겸손함을 갖춘 인간이 되어라 037
가르치려 들지 말라 038

소문에 바람을 넣지 말라 039
칭찬에 인색해서는 안 된다 040
자식에게 돈을 물려주는 것은 바보짓이다 041
나쁜 습성을 버려라 042
용기를 가진 자가 용서할 수 있다 043
값싼 아첨을 두려워하라 044
막다른 골목으로 자신을 몰아넣어라 045
보복의 원리를 이용하라 046
누구나 하루에 한 가지 도움을 베풀 수 있다 047
한 가지 이상의 철학을 가져라 048
고민을 헤아리지 말고 기쁨을 셈하라 049
건설적인 활동으로 근심을 제거한다 050
지난 일은 후회하지 말라 051
두려움으로 매일 죽어서는 안 된다 052
잘못은 숨길수록 커진다 053
분노를 정복해야 실수를 줄일 수 있다 054
용서는 강한 자만이 누릴 수 있는 특권이다 055
선행과 잘못에 모두 귀 기울여야 한다 056
내면의 평정으로 외부의 적을 제압한다 057
진실한 우정은 친구를 기쁘게 해주려는 노력이다 058
먼저 손을 내밀어라 059
우정을 재는 저울 060
우정은 재산이자 부채이다 061
편견에 휘둘릴수록 좋은 친구는 떠나간다 062
고결한 이미지를 부여하라 063

성공

성공한 사람들은 위기를 만났을 때 비로소 소중한 성공을 이룰 수 있었다

성공은 미지의 세계로의 도전이다 067
현재의 과업에 열중하라 068
쉴 새 없이 배우고 도전해야 한다 069
빠른 성공을 부러워하지 말라 070
공적은 남에게 돌려라 071
확신은 현실을 불러온다 072
가까운 곳을 먼저 돌아보아야 한다 073
거대한 강물도 작은 시냇물에서 비롯된다 074
성공은 행복을 향해 나아가는 삶이다 075
금전적 보상에 집착하지 말라 076
창의성을 표출하라 077
어차피 할 일이라면 즐겁게 한다 078
일을 스승처럼 소중히 대하라 079
믿는 대로 이루어진다 080
최소한 한 가지 일에 능통해야 한다 081
당신의 역사는 오늘 쓰여지는 것이다 082
큰 보상의 수혜자가 되어라 083
경쟁이 없는 곳에서 싸워라 084
동기를 부여하라 085
포기함으로써 얻는다 086
참다운 성공은 모든 비난을 극복한다 087
아는 것이 힘이다 088
차근차근 쌓은 계단이 오래간다 089
결점은 성공을 향한 원동력이다 090
불가능한 목표는 좌절을 안겨 준다 091
추위를 겪은 자만이 태양의 따뜻함을 안다 092

손해를 이익으로 전환하라 093
귀는 두꺼워야 한다 094
기회는 사람들이 돌아보지 않는 곳에 존재한다 095
최대의 패배자가 되어라 096
실패의 여지를 허락하라 097
성공했던 때를 회상하라 098
같은 배에 태운다 099
중상모략가로부터 힘차게 도망쳐라 100
개선의 시기를 놓치지 말라 101
현명하게 복수하라 102
정당하지 못한 것은 오래가지 않는다 103
남의 성공담에 현혹되지 말라 104
실패는 기회다 105
노력은 운명도 바꿀 수 있다 106
눈앞의 장애가 시도를 막을 수는 없다 107
비켜 갈 수 없을 때는 확실히 결정한다 108
강요로 성공을 거둘 수는 없다 109
손해에서 이익을 창출하라 110
적은 돈보다 큰돈을 벌어라 111
돈이 당신을 위해 일하게 하라 112
돈을 불러오는 것은 노력이다 113
사람을 위해서는 돈을 아끼지 말라 114
아이디어를 시련과 맞서게 하라 115

자기관리
기회는 사람들이 돌아보지 않는 곳에 존재한다

다재다능한 사람이 되어라 119
내적 충실을 도모하라 120

기쁨의 순간을 기억하라 121

작은 친절에 익숙해져라 122

불리할 때는 미소 짓는 가면을 써라 123

먼저 줄 수 있는 존재가 되자 124

내적 자신감이 미래를 결정한다 125

첫인상을 흐리게 하지 말라 126

도망치지 말고 도전하라 127

정직함으로 유혹하라 128

훌륭한 인물을 모방하라 129

자신을 하찮게 여기면 재능은 사라진다 130

올바른 화술을 구사하라 131

혀는 훈련할 수 있다 132

에너지의 가계부를 작성하라 133

불필요한 에너지를 건설적인 에너지로 바꿔라 134

눈과 귀와 혀를 즐겁게 하는 것은 피하라 135

자만은 비웃음을 사는 일이다 136

오락에 열중하는 것은 패배하는 것이다 137

용기란 의외의 경우에도 발휘되어야 한다 138

일을 했으면 대가를 얻어 내라 139

내면의 소리를 들어 보라 140

육체를 소중히 여겨라 141

발톱을 빌려주지 말라 142

자유롭게 자신을 풀어 주어라 143

놀 때는 열심히 논다 144

결과로써 증명하라 145

인내로써 인내하라 146

유머 감각은 연습으로 계발할 수 있다 147

적극성을 과장하라 148

내면의 아름다움을 키워라 149

공포심을 유용하게 사용하라 150

불안감은 현실로 이루어지지 않는다 151
폭넓은 시선으로 실패를 이해하라 152
소중한 경험은 자신을 지키는 보호자가 된다 153
하찮은 일에서 교훈을 얻어라 154
단점을 극복함으로써 아름다워진다 155
호인은 좋은 뜻이 아니다 156
변명 대신 개선에 힘써라 157
미움의 대상을 바꿔라 158
유유상종의 법칙을 유념하라 159
대중의 인기에 취하지 말라 160
당신의 등 뒤에 실력자가 있다 161
보수보다 더 많은 일을 하라 162
양보로 상대를 끌어들여라 163
비판에서 자유로울 수 있는 사람은 없다 164
똑똑한 자세를 가져라 165
나무를 보지 말고 숲을 보아야 한다 166
약점을 함부로 보여서는 안 된다 167
진실과 신의를 중시한다 168
과소평가하면 실패한다 169
불필요한 약속은 하지 마라 170
옷은 언어만큼이나 자신을 잘 표현한다 171
결단력이 필요할 때 172
자신을 통제할수록 이득이 돌아온다 173
칭찬이 빛을 발하려면 174
부정직한 사람을 구별하는 방법 175

대인관리
성공은 당신이 만나는 사람들에게 있다

긍정적인 사고방식은 사람의 마음을 끄는 자석이다 179

편협한 대인관계는 버려라 180
반응은 신속히 하라 181
표정으로 나타내라 182
평소에 작은 신뢰를 쌓아 두어라 183
자존심을 세워 주어라 184
상대방의 약점에는 소경이 되라 185
말을 잘하는 사람은 잘 듣는 사람이다 186
차선책을 준비해 두라 187
상대방이 말을 하도록 이끌어라 188
사람들이 대화하고 싶도록 만들어라 189
비방은 줄이고 칭찬은 늘린다 190
상대방을 이해하면 논쟁을 피할 수 있다 191
기준의 막대를 움직이지 말라 192
'예스'와 '노'를 분명히 말하라 193
장점을 부각시켜 말하라 194
모든 사람을 내 편으로 만들 수는 없다 195
용서는 상대를 이기는 방법이다 196
전문가로 예우하라 197
질문으로 유대감을 형성한다 198
부당한 비난일수록 반박하지 말라 199
사람은 관리의 대상이 아니다 200
은혜를 저버린 사람에게 원한을 갖지 않는 방법 201
권한을 위임할 줄 알아야 한다 202
진심으로 대하라 203
아랫사람의 고충을 파악하라 204
정확한 판단은 정확한 사실에 기인한다 205
훌륭한 리더는 올바른 명령을 내린다 206
설교는 행동으로 하라 207
항상 엄해야 한다고 생각한다면 208
오만하면 존경심을 잃는다 209

부하가 떠난 지도자는 불행하다 210
아이디어는 존중해 주어야 한다 211
손해를 끼쳤다면 솔직하게 인정하라 212
나쁜 영향을 끼치는 사람은 피하라 213
상호 협력은 성공의 밑거름이다 214
빚은 반드시 갚아야 한다 215
믿지 않으려면 맡기지 말라 216
타인의 오해를 불러일으키는 미덕은 자제하라 217
의롭지 못한 이익은 외면하라 218
신비감은 대인관계를 지속시킨다 219
진지하게 겸손하라 220
많이 남는 장사 221
기대를 명확히 하라 222
상대방을 대할 때는 예습이 필요하다 223
스스로 조언자가 되어라 224
서로에게 이익이 되게 하라 225
기대에 합당한 대우를 해주어라 226
숭고해지기를 바라는 마음에 호소하라 227
사랑할 수 없으면 차라리 동정하라 228
유약한 이미지를 보이지 말라 229
상대방의 이중성을 인정하라 230
오해를 풀 때는 바로 지금이다 231
한 번의 냉대가 원수를 만든다 232
타인의 도움을 구하는 것은 최후의 일이다 233
증오하려거든 사랑하자 234
상대방이 이유 없이 멀어지려 할 경우 235
반대 의견을 소중히 하라 236
감사할 줄 모르는 사람에게는 은혜를 베풀어라 237
편애는 적을 만드는 행위이다 238
후퇴할 수 없는 선을 정하라 239

삶

과거를 지우고
미래를 만들어 가는 오늘이 가장 소중한
시간이다

세상은 당신의 손에서 시작된다

이 세상은 도대체 어디서부터 시작되는 것일까? 이 물음에 대한 해답은 멀리서 찾을 필요가 없다. 바다를 향해 서 보자. 당신의 발밑에 바다의 끝과 육지의 시작이 있다.

이처럼 세상은 당신에게서 비롯된다. 당신은 세계가 안고 있는 곤란한 문제를 더 크게 만들 수도 있고, 문제를 해결하기 위해 당신의 힘을 빌려줄 수도 있다.

당신은 쓰레기를 내다 버릴 수도 있지만, 길가에 버려진 쓰레기를 치울 수도 있다. 이 작은 행위가 사람들의 마음에 불쾌감을 주기도 하고, 밝고 깨끗한 마음을 가질 수 있게 만들기도 한다.

당신은 조그만 한 가지 일로 주변을 바꾸어 놓을 수도 있다. 좀 더 나은 세상이 주어지지 않는다고 불평하지 말라. 세상은 언제 어디서나 당신의 손끝에서 시작되고 있다.

당신은 세계가 안고 있는 곤란한 문제를 더 크게 만들 수도 있고, 문제를 해결하기 위해 당신의 힘을 빌려줄 수도 있다.

행복의 권리를 누려라

당신은 짜증을 낼 권리도 있지만, 이 세상을 행복하게 살아갈 권리도 가지고 있다. 또한 노래를 흥얼거릴 권리, 맛있는 음식을 먹을 권리, 아름다운 생각을 할 권리, 가슴을 펴고 힘껏 환성을 지를 권리도 있다.

만일 당신이 기뻐할 권리를 되찾기만 한다면, 당신의 생활 요소요소에는 즐거운 일들이 가득 차게 될 것이다. 행복은 어느 장소에서 누구와 함께 있느냐가 아니라, 스스로 유쾌한 생활을 할 수 있느냐 하는 의지의 문제이다. 행복해질 수 있는 권리를 믿지 않는 사람은 궁전에서 왕과 함께 있어도 즐겁지 않다. 반면 즐거워할 권리를 되찾은 사람은 조그만 다락방 속에 갇혀 있어도 노래를 부를 수 있을 정도로 즐겁다.

누군가 당신에게 잘못을 범했다고 해도 화를 낼 권리는 포기하는 것이 좋다. 대신 용서하고 격려하는 권리를 택하라. 그것이 행복을 누리는 최고의 방법이다.

행복은 어느 장소에서 누구와 함께 있느냐가 아니라, 스스로 유쾌한 생활을 할 수 있느냐 하는 의지의 문제이다.

오늘을
잃어버리지 말라

당신은 특히, 오늘을 사랑해야 한다. 불행했던 과거와 불안하기 그지없는 미래는 당신 수중에 없다. 따라서 잃어버릴 수 있는 것은 과거나 미래가 아니라 바로 오늘이다. 오늘을 잃어버리지 않도록 단단히 깨어 있지 않으면 안 된다.

최선을 다해서 일하라.

최선을 다해서 사랑하라.

최선을 다해서 용서하고 화목하게 지내라.

과거를 지우고 미래를 만들어 가는 오늘이 가장 소중한 시간이다.

당신은 특히, 오늘을 사랑해야 한다. 불행했던 과거와 불안하기 그지없는 미래는 당신 수중에 없다.

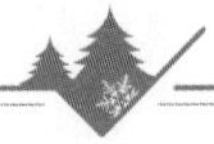

즐거운 마음으로 맞서라

성공한 사람들은 늘 밝고 희망에 가득 차 있는 경우가 많다. 생활 속에 어떤 변화가 생기든 즐거운 마음으로 당당히 맞서며, 일에서 행복의 요소를 찾아낸다.

일을 할 때 즐거운 마음이 솟아나지 않으면, 불평불만이 생겨나 힘만 들 뿐 일에서 탈출할 수도 없다.

한 가지 재미있는 사실은 유쾌하게 일을 하는 사람에게는 고품질의 일이 맡겨지는 반면, 불평불만자에게는 계속해서 저급한 일만 맡겨진다는 사실이다.

최고로 성공한 사람들은 생활 속에 어떤 변화가 생기든, 즐거운 마음으로 당당히 맞선다.

시간은 당신만이 요리할 수 있다

일에 재미가 있는 사람은 시간이 한없이 짧게 느껴질 것이고, 일에 재미가 없는 사람은 지루하게 느껴질 것이다. 이처럼 시간은 사용하는 사람들의 생각에 따라 얼마든지 달라질 수 있다.

시간을 쓰레기통에 내버리든지, 아니면 인생을 빛나게 하는 데 사용할 것인지는 오직 당신의 몫이다. 그 시간은 당신만의 것이고, 사용 방법 또한 당신 스스로 결정해야 하는 것이다.

시간을 쓰레기통에 내버리든지, 아니면 인생을 빛나게 하는 데 사용할 것인지는 오직 당신의 몫이다.

기쁜 소식을 전하는 배달부가 되어라

다른 사람을 기쁘게 해줄 때 느끼는 행복보다 더 큰 행복은 없다. 다른 사람에 대한 험담과 쓸데없는 논쟁으로 당신을 몰고 가는 사람은 기필코 멀리해야 한다. 세상 사람들은 불평분자들의 헛소리는 듣고 싶어 하지 않는다. 하지만 우정과 기쁜 소식을 전하는 사람의 말은 언제든 기꺼이 듣고 싶어 한다.

다른 사람을 기쁘게 해줄 때 느끼는 행복보다 더 큰 행복은 없다.

외적인 모습은 살아온 인생을 대변한다

사람들은 자신의 감정을 숨기기 위해 인위적인 미소로 위장할 수 있으며, 겉으로만 유쾌하게 보일 수 있다. 또한 능숙한 악수로 본성을 감출 수도 있다. 하지만 이런 외양적인 요소들은 진심이 아닌 이상 호감을 불러일으키기 어렵다.

우리들의 눈빛에는 모든 고백이 들어 있다. 미소와 인사말과 악수하는 자세에도 모든 고백이 들어 있는 것이다.

사람의 외적인 모습은 세월이 흐름에 따라 점차 변해 간다. 호감 가는 인상이 되느냐, 불쾌감을 주는 인상이 되느냐는 바로 당신에게 달려 있다. 최선을 다해 살아왔다면 그것은 자연스럽게 좋은 모습으로 자리 잡을 것이다.

최선을 다해 살아왔다면, 당신 얼굴에는 호감 가는 인상이 자리 잡을 것이다.

선행을 베푸는 일에 내일은 없다

내면에 품은 감정은 대기를 타고 타인에게 전염된다. 당신이 우울한 기분에 휩싸여 있으면 상대 또한 우울해지며, 당신이 즐거워하면 상대 역시 즐거워한다. 따라서 타인의 행복을 기원하는 일은 당신의 행복과 무관하지 않다. 상대방이 느끼는 기쁨은 곧바로 대기를 타고 당신에게 전해져 오기 때문이다.

인생은 한 번 지나가면 다시 돌아오지 않는다. 따라서 당신에게 베풀 수 있는 선행이 남아 있다면, 지금 당장 베푸는 것이 좋다. 시간이 흘러 당신이 인생의 뒤안길을 걸어가고 있을 때쯤에는, 현재의 위치로 돌아오고 싶어도 올 수 없기 때문이다.

타인의 행복을 기원하는 일은 당신의 행복과 무관하지 않다. 상대방이 느끼는 기쁨은 곧바로 대기를 타고 당신에게 전해져 오기 때문이다.

긍정적인 마음을 가져라

긍정적인 감정과 부정적인 감정이 동시에 마음을 지배할 수는 없다. 반드시 어느 한쪽이 마음을 지배하기 마련이다. 따라서 긍정적인 감정이 마음을 지배하도록 하는 것은 선택이 아니라 의무이다. 긍정적인 감정으로 마음을 가득 채워 부정적인 감정이 감히 끼어들 수 없도록 하라.

만일 당신이 즐거운 생각을 한다면 즐거울 것이고, 불행한 생각을 한다면 불행해질 것이다. 무서운 생각을 가지면 무서워질 것이고, 실패한다고 생각하면 실패할 확률이 높다. 당신이 자기 혐오에 빠져 있는 한, 사람들 역시 당신을 멀리할 것이다.

긍정적인 감정과 부정적인 감정이 동시에 마음을 지배할 수는 없다. 당신이 즐거운 생각을 한다면 즐거울 것이고, 불행한 생각을 한다면 불행해질 것이다.

상상하는 것만으로 힘이 된다

진실로 용기 있는 것처럼 행동하라. 그러면 실제로 용기가 생겨, 감당할 수 없을 것 같았던 일도 해내게 된다. 고난에 빠졌던 사람들을 생각해 보라. 그들이 어떻게 그 고난을 이겨냈는지 상상하라. 다른 사람이 고통을 빠져나왔다면, 당신도 못할 이유가 없다.

기왕에 하는 일이라면 남들보다 더 열심히 일하라. 설사 그 일이 재미있는 일이 아닐지라도, 일에 열중하다 보면 전혀 생각지도 못했던 성취감을 얻을 수 있다. 성취감은 거저 얻어지는 것이 아니라, 열심히 일하는 자에게 주어지는 훈장이다.

기왕에 하는 일이라면 남들보다 더 열심히 일하라. 일에 열중하다 보면 전혀 생각지도 못했던 성취감을 얻을 수 있다.

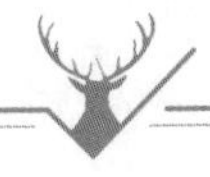

영혼이 맑아지는 일을 선택하라

곧바로 이익이 발생되는 일은 상당히 많다. 하지만 그런 일에는 흔히 수많은 경쟁자들이 몰려들기 마련이다. 당신은 이익이 보장되지 않는 일, 즉 보수는 없으나 다른 사람들의 영혼을 맑게 해주는 그런 일을 할 필요가 있다.

아침 일찍 일어나 집 앞 골목을 쓸어 보자. 겉으로는 아무런 이익이 없을 수도 있다. 하지만 당신의 건강과 아침 일찍 일어나는 습관은 그 무엇과도 비교할 수 없는 이익이다.

경쟁 없는 일을 선택하라. 그러면 세상은 당신이 한 일보다 더 많은 보상을 준비할 것이다.

경쟁 없는 일을 선택하라. 그러면 당신이 한 일보다 더 많은 보상이 주어질 것이다.

모든 잘못의 근원은 내 안에 있다

무언가 일이 잘못되어 간다고 느낄 때는, 우선 그 원인을 스스로에게서 찾아 나가는 것이 좋다. 문제의 씨앗은 본래 먼 데 있기보다는 자기 안에 있는 경우가 많기 때문이다. 또한 이런 마음 자세는 먼 곳을 돌아다니는 수고를 덜어 준다.

먼저 이렇게 생각해 보라.

"내 자신이 어리석었던 것은 아닐까?"

"내 생각부터 먼저 바꿔야 하는 것은 아닐까?"

이런 의문을 품는 순간, 문제의 절반은 어느덧 해결되어 있는 경우가 많다.

문제의 씨앗은 본래 먼 데 있기보다는 자기 안에 있는 경우가 많다.

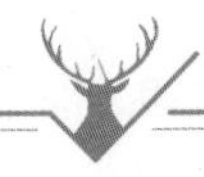

자신보다 훌륭한 점을 발견하라

어떤 사람을 만나건, 그 사람은 무언가 당신보다 훌륭한 점을 지니고 있다고 생각하라. 만일 그가 나이가 많다면 그는 당신보다 훨씬 많은 경험을 쌓았을 것이다. 그의 나이가 젊다고 해도 무시해서는 안 된다. 그는 분명 당신보다 좋은 점을 가지고 있을 것이다.

그가 풍족한 생활을 하고 있더라도 시기하지 말아야 한다. 그는 당신보다 더 많은 선을 쌓았기 때문에 응분의 보상을 받은 것이다. 그가 가난하더라도 멸시하지 말아야 한다. 그는 당신보다 더 많은 인고의 세월을 견뎌낸 사람이기 때문이다. 그가 당신보다 현명하다면 존경하라. 그는 노력하여 더 많은 공부를 한 것이다. 그가 바보처럼 군다고 손가락질할 필요는 없다. 그는 당신보다 순수할 뿐이다.

어떤 사람을 만나건, 그 사람은 무언가 당신보다 훌륭한 점을 지니고 있다고 생각하는 것이 좋다.

인생의 목적을 분명히 하라

부를 쟁취한 사람들을 모두 범법자로 몰아붙일 필요는 없다. 우리가 경계해야 하는 것은 절대로 인생의 목적이 뒤바뀌어서는 안 된다는 것이다. 우리의 목표는 행복에 있는 것이지, 돈에 있는 것이 아니다.

재미있는 사실은 정당하지 못한 부를 쌓은 사람들은 자신을 합리화하면서도, 자신과 같은 방법으로 부를 쌓으려는 사람들을 좋아하지 않는다는 것이다.

우리가 경계해야 하는 것은, 절대로 인생의 목적이 뒤바뀌어서는 안 된다는 것이다. 우리의 목표는 행복에 있는 것이지, 돈에 있는 것이 아니다.

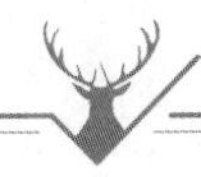

완벽한 천재이기보다는 조금 모자란 바보가 되어라

가득 찬 것보다는 조금 모자란 것이 낫다. 전혀 빈틈이 없는 완벽한 사람은 오히려 호감이 가지 않는다. 평소 어딘가 부족해 보이다가도 중요한 시기마다 성공적으로 임무를 수행해 내는 사람이 오히려 환영받을 수 있다.

인간의 질투심은 완벽한 인간을 허락하지 않는다. 완벽한 인간은 자신의 결점을 들추어내는 거울이자, 열등감의 원천이기 때문이다. 따라서 사람들은 완벽한 인간의 실패를 학수고대한다.

굳이 적을 만들고 싶다면, 상대방보다 완벽하게 훌륭하면 된다. 반대로 상대를 내 편으로 끌어들이고 싶다면, 완벽해지고 싶은 마음을 늦추어라. 여유를 가지고 조금은 바보가 되어도 좋다.

완벽한 인간은 자신의 결점을 들추어내는 거울이자, 열등감의 원천이다. 사람들은 완벽한 인간의 실패를 학수고대한다.

어리석은 자보다는 현명한 자가 되어라

아무리 불행하게 산다 해도 영리한 사람은 어떻게든 그 속에서 이익을 얻어 낸다. 한편, 어리석은 자는 행복한 인생 속에서도 마음에 상처를 입는다. 현명한 자는 자신의 경험뿐 아니라 타인의 경험에서도 많은 것을 얻는다.

아무리 불행하게 산다 해도 영리한 사람은 어떻게든 그 속에서 이익을 얻어 낸다.

좋은 행동은 행하고, 나쁜 행동은 미룬다

오늘 할 수 있는 일을 내일로 미루는 사람은 타인에게까지 피해를 준다. 그런 사람은 일을 시작하기 전부터 변명거리만 생각하다가 시간을 낭비한다. 책임을 회피하고 이리저리 도망쳐 다니거나, 핑계가 주어지면 손쉽게 타협해 버린다.

십 리를 가든 백 리를 가든, 첫걸음을 떼어 놓지 않으면 안 된다. 첫걸음을 내딛지 않고서는 둘째 걸음도 옮길 수 없기 때문이다.

죽음이 언제든 우리를 붙잡아 갈 수 있다는 사실을 안다면, 오늘 할 일을 내일로 미룰 수는 없을 것이다. 좋은 행동은 지금 당장 시작하고, 나쁜 행동은 먼 훗날로 미루도록 해야 한다.

오늘 할 수 있는 일을 내일로 미루는 사람은 일을 시작하기 전부터 변명거리만 생각하다가 시간을 낭비한다.

말을 최대한 압축하면 침묵이 된다

불필요한 것을 말하지 않고 꼭 필요한 것만 이야기한다면, 당신의 시간뿐 아니라 다른 사람의 시간도 건질 수 있다. 마음이 참되다면 한마디 말로도 충분하다. 그러나 진실하지 못하면, 아무리 많은 말을 해도 소용이 없다.

사람은 두 눈과 두 귀가 있지만, 혀는 하나뿐이다. 이는 본 것과 들은 것의 반만 말해야 한다는 의미이다.

침묵을 사랑하자. 말을 해야 할지 말아야 할지 고민이 된다면, 침묵을 선택하는 것이 좋다. 우리 주변에는 말을 많이 함으로써 일을 그르치는 경우가 허다하다.

침묵을 사랑하자. 말을 해야 할지 말아야 할지 고민이 된다면, 침묵을 선택하는 것이 좋다.

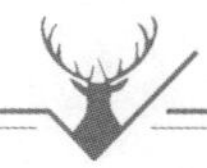

겸손함을 갖춘 인간이 되어라

인간의 됨됨이는 그 마음의 겸손함을 통해 알 수 있다. 하지만 겸손이 단순한 가식일 뿐이라면, 그 기능은 제대로 발휘되지 못한다.

누군가를 만날 때 계단에 앉기보다는 땅에 앉는 것이 낫다. 땅에 앉은 사람을 더 낮은 데로 앉게 할 사람은 없기 때문이다.

모든 사람들은 스승이 되어 가르치려고만 한다. 아무도 제자가 되려고 하지 않을 때 제자가 되어 줄 수 있어야 한다. 그것이 진실한 겸손이다.

아무도 제자가 되려고 하지 않을 때 제자가 되어 줄 수 있어야 한다. 그것이 진실한 겸손이다.

가르치려 들지 말라

소크라테스는 이렇게 말했다.

"내가 알고 있는 것은 오직 한 가지, 아무것도 모른다는 사실 뿐이다."

혼자만 아는 체하며 상대방을 가르치려 드는 것은, 스스로 일을 어렵게 만들 뿐이다.

가르치려 들지 말자. 상대방이 모르는 것이라면, 설령 알고 있다고 해도 내색하지 않는 편이 낫다. 대신에 항상 상대방보다 현명해지도록 노력해야 한다. 그러나 자신의 현명함을 상대방이 눈치 채게 하는 것은 이미 현명함이 아니다.

항상 상대방보다 현명해지도록 노력해야 한다. 그러나 자신의 현명함을 상대방이 눈치 채게 하는 것은 현명함이 아니다.

소문에
바람을 넣지 말라

소문을 들으면 최소한의 경계심을 갖고, 말하는 사람의 의도를 파악해 보라. 그 다음에 소문의 진위를 가린다. 그리고는 침묵한다.

자신이 그 소문에 생명의 숨결을 불어넣든 안 넣든, 소문은 조만간 거대한 괴물로 자라나 사방을 휘젓고 다닐 것이다.

당신은 그저 그 소문이 착오로 판명나기를 기다리는 것이 낫다. 침묵한 당신에게 미칠 보상은 최소한 한 가지 이상일 것이다. 그것은 바로 침묵한 데 따른 뿌듯한 자부심이다.

소문에 대해 침묵한 당신에게 미칠 보상은 뿌듯한 자부심이다.

칭찬에 인색해서는 안 된다

여자는 남자에 비해 칭찬에 약하다. 이 말이 사실이 아니라 하더라도, 진실로 가정의 행복을 원한다면 칭찬에 인색하지 말아야 한다. 여자가 행복을 느끼는 때는 남자에게 칭찬과 사랑을 받을 때이다. 물론 그 사랑과 칭찬은 진심에서 우러나온 것이어야 한다.

남자가 굳이 이렇게 해야 하는 이유는 간단하다. 여자가 불행하다면, 남자 역시 행복해질 수 없기 때문이다.

여자가 불행하다면, 남자 역시 행복해질 수 없다.

자식에게 돈을 물려주는 것은 바보짓이다

유산은 자식을 나태하고 유약하게 만들어, 고난이 닥쳐도 이겨낼 힘과 의지를 발휘할 수 없게 만든다. 하지만 유산을 받지 못한 사람은 가난하더라도 그것을 헤쳐 나갈 방법을 잘 알고 있다. 이는 예방주사를 맞는 것과 같다. 주사를 맞지 않은 사람은 질병에 감염되었을 때 자칫 목숨을 잃을 수도 있다.

유산을 물려주는 것은 자손들에게 일할 필요성을 빼앗는 일임을 명심해야 한다. 용케 재산이 오랫동안 유지된다 하더라도 그들은 신성한 노동의 기쁨을 알지 못한다.

유산은 자손들의 삶의 희망과 목적을 빼앗아 간다. 이미 모든 것이 갖추어져 있기 때문에 아무것도 이루려고 하지 않는다. 결국 희망과 삶의 의미, 성취의 기쁨을 알지 못한 채 살아가게 되는 것이다.

유산을 받지 못한 사람은 가난하더라도 그것을 헤쳐 나갈 방법을 잘 알고 있다.

나쁜 습성을 버려라

사람은 누구나 한 가지 이상의 나쁜 습성을 지니고 있다. 누구나 이기적이고 우둔하며, 용심쟁이인데다 지나치게 자기중심적일 수 있다.

만약 당신이 나쁜 사람을 만났다면, 그저 운이 좋지 않았다고 생각하라. 그 일로 인해 세상을 욕하는 것은 옳지 않다.

배신을 당했다든지 사기를 당했을 때 그 원인을 살펴보면, 본인의 그릇된 태도나 언행으로 인한 경우가 많다. 생각해 보라. 만약 배신을 당했다면, 본인의 나쁜 습성이 상대방을 멀어지게 만든 것이다. 사기를 당했다면 상대방의 교활함 때문이 아니라, 자신의 우둔함이 합당한 대접을 받은 것이다.

따라서 누군가를 원망하기보다는 먼저 자신의 나쁜 습성을 반성하는 것이 옳다.

좋지 않은 일이 생겼을 때, 누군가를 원망하기보다는 먼저 자신의 나쁜 습성을 반성하는 것이 옳다.

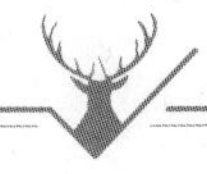

용기를 가진 자가 용서할 수 있다

미움과 원한을 품은 사람치고 제대로 일을 해내는 사람은 드물다.

한 성자는 이렇게 말했다.

"네 원수를 사랑하고 너를 미워하는 자들에게 은혜를 베풀며, 네게 악담하는 자들의 복을 빌어 주고 너를 증오하는 자들을 위해 기도하라."

미워하는 사람과의 싸움을 피하는 것은 용기 있는 자의 행동이다. 미워하는 자를 위해 기도하는 것은 더욱 용기 있는 행동이다. 그러나 용기를 따지기 이전에, 미워하는 자를 용서하는 것은 자신의 건강과 행복을 위해 반드시 필요한 일이다.

미워하는 사람과의 싸움을 피하는 것은 용기 있는 자의 행동이다. 미워하는 자를 위해 기도하는 것은 더욱 용기 있는 행동이다.

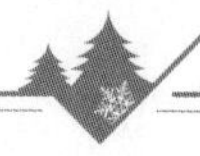

값싼 아첨을 두려워하라

칭찬은 마음속으로부터 우러나오지만, 아첨은 혓바닥 끝에서 생겨난다. 칭찬은 무조건적이지만, 아첨은 이기적이다. 칭찬은 모든 사람이 좋아하지만, 아첨은 모든 사람이 싫어한다. 값싼 아첨은 아무리 무식한 사람이라도 쉽게 간파할 수 있다. 하지만 세상에는 아첨에 굶주린 사람도 많다.

그래서 성현들은 말한다.

"원수를 두려워할 필요는 없다. 그러나 달콤한 말을 하는 친구는 두려워하라."

원수를 두려워할 필요는 없다. 그러나 달콤한 말을 하는 친구는 두려워하라.

막다른 골목으로 자신을 몰아넣어라

신속하게 결단을 내리고 행동을 취해야 하는 위기 상황에서는, 모든 사람들이 천재 이상의 결정을 내리고 계획을 세우며 행동하게 된다. 숨겨진 초능력과 천재성이 발현되는 시기는 막다른 골목으로 자신을 몰아넣을 때이다. 따라서 이를 잘 이용하기만 한다면, 우리는 어떤 어려운 일도 해낼 수 있다.

숨겨진 초능력과 천재성이 발현되는 시기는 막다른 골목으로 자신을 몰아넣을 때이다.

보복의 원리를 이용하라

만일 어떤 사람으로부터 선물을 받게 되면, 그것과 유사하거나 아니면 더 나은 선물을 주기 전까지는 마음이 편치 않다. 누군가 당신의 좋은 점을 말하고 다닌다면, 그 사람을 위해 좋은 말을 해주고 싶어진다.

하지만 누군가 당신을 비방하고 모욕한다고 해서 똑같이 그를 비방한다면, 당신은 그와 똑같은 사람으로 전락하게 된다. 그리고 결국 그가 당신을 지배하게 될 것이다. 반대로 당신이 평정을 유지해 침착해질 수 있다면, 당신은 '관용'이라는, 상대방이 지니지 못한 무기를 지님으로써 쉽게 그를 지배하게 된다.

고집에서 벗어나 가능한 모든 방법을 동원하여 상대에게 친절을 베풀어 보라. 처음에는 움직이지 않을지 모르지만, 점차 당신의 친절과 관용에 굴복할 것이다.

고집에서 벗어나 상대에게 친절을 베풀어 보라. 점차 당신의 친절과 관용에 굴복할 것이다.

누구나 하루에 한 가지 도움을 베풀 수 있다

하루에 최소한 한 사람에게 도움을 베풀어라. 사람들은 타인에게 속을지도 모른다는 걱정 때문에 될 수 있으면 아무도 도우려고 하지 않는다.

그러나 자연의 법칙은 언제나 공정하다. 정직한 봉사에는 절대 손해가 따르지 않는다. 최소한 신은 당신의 선행을 알고 있다. 보상은 반드시 이루어진다. 보상받기까지의 기간이 길어지면 길어질수록 더욱 유리하다. 결제되지 않은 대금은 이자라는 동료를 데리고 돌아오기 때문이다.

자연의 법칙은 언제나 공정하다. 정직한 봉사에는 절대 손해가 따르지 않는다.

한 가지 이상의 철학을 가져라

건설적인 의미의 철학을 한 가지 이상 가져라. 철학이라고 해서 어렵게 생각할 필요는 없다. 당신의 가훈을 철학으로 대신해도 좋다.

밝게 웃자. 실행하지 못할 약속은 하지 말자. 책임 회피는 하지 말자. 하루 한 가지 선행을 베풀자.

어떤 것이든 좋다. 그런 철학은 당신을 지켜 주는 든든한 지지대가 됨은 물론 당신을 주관이 뚜렷한 사람으로 만들어 줄 것이다. 하지만 아무리 좋은 철학이라고 해도 행동으로 옮기지 않으면 아무런 소용이 없다.

건설적인 의미의 철학은 당신을 지켜 주는 든든한 지지대가 됨은 물론 당신을 주관이 뚜렷한 사람으로 만들어 줄 것이다.

고민을 헤아리지 말고 기쁨을 셈하라

우리 삶에서 일어나는 일 중 10퍼센트 정도만이 실제로 잘못되어 고민을 유발시킨다. 그러나 생각해 보라. 하루의 일과 중 대부분은 성공했거나 이미 성공해 나가는 과정에 있다. 행복해지기를 원한다면 90퍼센트의 성공적인 일에 위안을 삼고, 10퍼센트의 빗나간 일에는 마음을 두지 말아야 한다.

삶이 행복해지기를 원한다면 90퍼센트의 성공적인 일에 위안을 삼고, 10퍼센트의 빗나간 일에는 마음을 두지 말아야 한다.

건설적인 활동으로 근심을 제거한다

문제가 괴롭고 심각하다고 해서 해결 방법이 전혀 없다고 생각하고 절망하는 것은 어리석은 일이다. 해결 방법은 의외로 가까운 곳에 아주 쉬운 모습으로 존재한다.

마음속에 작은 걱정을 품기 시작하면, 그것은 점점 자라나 한층 더 큰 근심거리가 된다. 가만히 앉아서 오로지 그 근심거리만 생각하는 것은 걱정과 근심에 힘을 빌려주는 것과 같다. 마음속의 근심과 걱정을 뿌리째 뽑아 버리려면, 모든 나쁜 생각을 건설적인 활동으로 전환시켜야 한다. 몸을 움직여 일을 하면 어느새 그 일에 집중하게 되어 쓸데없는 생각은 잊게 된다.

걱정과 근심이 마음 깊숙이 뿌리를 내리기 전에, 건설적인 활동으로 전환시켜야 한다.

지난 일은 후회하지 말라

과거에 실패한 경험이 있는 사람들은 곧잘 이렇게 후회한다.

"그때 그렇게 했더라면 좋았을 것을……."

후회하고 반성하는 일은 어쨌든 좋은 일이다. 하지만 달라지는 것이 무엇이 있는가? 실패가 성공으로 바뀔 것인가? 떠나간 사람이 다시 돌아올 것인가? 아니면 당신의 억울함이 덜어지는가? 누군가 달려와서 당신의 고통을 대신해 줄 것인가?

아쉽게도 그런 일은 일어나지 않는다.

실패는 이미 과거의 일이다. 깨끗이 잊어버리고 반성하라. 그러나 반성은 단 한 번으로 족하다. 가능한 한, 실패의 고통에서 빨리 벗어나라.

인생은 길지 않고, 당신이 할 일은 많다.

실패는 반성하라. 그러나 반성은 단 한 번으로 족하다. 가능한 한, 실패의 고통에서 빨리 벗어나라.

두려움으로 매일 죽어서는 안 된다

실제 자연적으로 죽는 사람보다 걱정 때문에 죽는 사람이 더 많다는 사실을 아는가?

불안과 걱정, 이 두 가지는 모두 우리의 생명을 단축시키는 병이다. 당신은 불안 속에서 매일 죽는 방법을 선택해서는 안 된다. 용기를 가지고 떨쳐 일어나, 한 번 죽는 죽음을 선택해야 한다.

불안과 걱정, 이 두 가지는 우리의 생명을 단축시킨다.

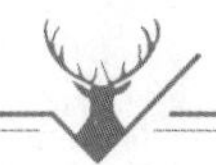

잘못은
숨길수록 커진다

터럭만큼의 작은 잘못도 숨기려고 하면 산만큼 커진다. 하지만 솔직하게 고백하면 그 잘못은 금세 없어진다.

물론 단순히 잘못을 고백한다고 해서 그 잘못이 지워지는 것은 아니다. 잘못을 만회하기 위해 무엇이든 하려고 팔을 걷어붙였을 때 비로소 지워질 수 있다. 빚은 행동으로 갚는 것이지, 말로 갚는 것이 아니기 때문이다.

단순히 잘못을 고백한다고 해서 그 잘못이 지워지는 것은 아니다. 빚은 행동으로 갚는 것이지, 말로 갚는 것이 아니기 때문이다.

분노를 정복해야 실수를 줄일 수 있다

화가 나는 일에도 화를 내지 않는 사람만이, 분노를 이겼다고 말할 수 있다. 마음속에 분노가 가득 차 있는데, 밖으로 드러내지 않았다고 해서 분노를 정복한 것은 아니다. 침착하게 분노의 뿌리를 모두 뽑아 버리는 것이 진정한 의미의 정복이다.

분노로 행한 일이 제대로 되는 경우는 없다. 분노가 가라앉은 다음, 새로운 마음으로 다시 시작해야 그 열매를 맺을 수 있다.

밖으로 드러내지 않았다고 해서 분노를 정복한 것은 아니다. 침착하게 분노의 뿌리를 모두 뽑아 버리는 것이 진정한 의미의 정복이다.

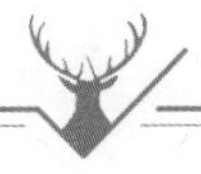

용서는 강한 자만이 누릴 수 있는 특권이다

어떤 사람이 당신을 거짓말쟁이라고 부르거나, 당신의 의견을 반대하더라도 자제력을 잃어서는 안 된다. 무언가 말하고 싶으면 조용히 말하라. 당신이 진정으로 참된 사람이라면, 남이 그렇게 부른다고 해서 거짓말쟁이가 되는 것은 아니다.

용서는 용감한 자만이 누리는 제한된 특권이다. 그러므로 용서는 약한 자에게는 생기지도 않는다. 혹, 상대방의 비난으로 인내심을 잃었을 때는 침묵하고, 어느 정도 진정된 후에 말하라. 그리고 최대의 특권을 발휘해 용서하라.

상대방의 비난으로 인내심을 잃었을 때는 침묵하고, 어느 정도 진정된 후에 말하라. 그리고 최대의 특권을 발휘해 용서하라.

선행과 잘못에 모두 귀 기울여야 한다

다른 사람의 선행은 떠들고, 잘못은 눈감아 주라는 말이 있다. 하지만 사실은 언제나 두 가지 모두에 귀를 기울이고 있어야 한다. 물론 정확한 판단력을 가지고 있어야만 가능하다.

균형 감각을 갖는 것은 매우 중요하다. 듣되, 잘 걸러 낼 수 있어야 한다. 다른 사람을 평가할 때는 좋은 면과 나쁜 면을 다 비교해 보아야 한다. 그래야만 올바른 평가를 할 수 있기 때문이다.

다른 사람을 평가할 때는 좋은 면과 나쁜 면을 다 비교해 보아야 한다. 그래야만 바른 평가를 할 수 있다.

내면의 평정으로
외부의 적을 제압한다

인생에는 외부의 적뿐만 아니라, 내부의 적들이 산재해 있다. 곰곰이 내면을 살펴보라. 무수한 결점들이 꿈틀거리고 있을 것이다. 탐욕, 이기심, 나태, 위선, 근심, 의심, 증오, 시기, 질투, 욕망…….

내부의 적들을 이겨 내지 못하면, 외부의 적들 또한 물리칠 수 없다. 대부분의 사람들이 외부의 적들과 싸우는 데 급급한 나머지 인생을 허비하고 있다. 그러다가 어느 순간 내부가 만신창이로 변한 자기의 모습을 발견하게 된다.

하지만 내면의 연마를 통해 감정에 초연해질 수 있다면, 안팎의 적들과 싸우느라 인생을 낭비할 필요가 없을 것이며, 그 시간을 좀 더 보람 있는 일에 쓸 수 있을 것이다.

내면의 연마를 통해 감정에 초연해질 수 있다면, 안팎의 적들과 싸우느라 인생을 낭비할 필요가 없게 된다.

진실한 우정은 친구를 기쁘게 해주려는 노력이다

진정한 친구를 사귀는 데에는 고차원의 방정식이 필요 없다. 그 공식은 아주 간단하다.

제1의 공식은 날마다 어떻게 하면 친구를 기쁘게 해줄 수 있을까 생각하는 것이다.

제2의 공식은 다음과 같다.

"자신이 하고 싶은 일은 친구에게 권해도 좋다. 그러나 자신이 하고 싶지 않은 일이라면 결코 친구에게 권해서는 안 된다."

다른 것은 포기하더라도, 이 두 가지 방법만은 끝까지 고수해야 한다. 그러면 당신의 우정은 날로 깊어져, 친구가 떠나가는 일은 절대 일어나지 않을 것이다.

진정한 친구를 사귀는 데는 고차원의 방정식이 필요 없다. 친구를 기쁘게 해주려는 노력만 있으면 된다.

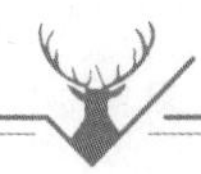

먼저 손을 내밀어라

사랑이나 우정은 저절로 오는 것이 아니다. 거기에는 반드시 노력이 필요하다.

하지만 사람들은 '나를 사랑해 줄 사람은 없을까? 나를 이해해 줄 사람은 없을까?' 하는 기대만 할 뿐, 아무런 노력도 하지 않는다. 당신이 그들을 사로잡을 수 있는 방법은, 그들이 당신을 찾아내기 전에 먼저 손을 내미는 것이다.

조금만 용기를 내어 이렇게 말하라.

"나는 당신을 좋아하고 있습니다."

먼저 사랑하여 그 사람을 얻는 것이 최상이다. 사랑해서 실패하는 것이, 앉아서 그 사람을 떠나보내는 것보다 낫다.

먼저 사랑하여 그 사람을 얻는 것이 최상이다. 사랑해서 실패하는 것이, 앉아서 그 사람을 떠나보내는 것보다 낫다.

우정을 재는 저울

"우리는 서로에게 어떤 친구일까? 도움이 되기는 할까? 진정한 친구이기는 한 걸까?"

이런 의구심이 든다면, 그 해답을 알 수 있는 저울에 재볼 수 있다. 그 저울은 바로 '시기심'이다.

친구의 성공과 행복에 마음 한쪽이 허전하거나 세상이 원망스럽다면, 그동안 당신은 헛된 우정을 위해 아까운 시간을 낭비한 것이다.

어떠한 시기심도 없이 친구의 성공에 함께 기뻐하고 친구의 불행에 함께 슬퍼할 수 있다면, 당신의 인생에 외로움은 없을 것이다.

어떠한 시기심도 없이 친구의 성공에 함께 기뻐하고 친구의 불행에 함께 슬퍼할 수 있다면, 당신의 인생에 외로움은 없을 것이다.

우정은 재산이자 부채이다

순수한 우정은 돈으로는 따질 수 없는 큰 가치를 지니고 있다. 그러나 반드시 알아 두어야 할 것은 우정은 재산이기도 하지만, 때로는 감당할 수 없는 부채일 수도 있다는 점이다.

진실한 우정은 때로 무조건적인 제공과 지원을 요구한다. 따라서 얕은 우정은 상호간의 기대를 어긋나게 함으로써, 어제의 친구를 오늘의 적으로 만들기도 한다.

순수한 우정은 돈으로는 따질 수 없는 큰 가치를 지니고 있다. 우정은 재산이기도 하지만, 때로는 감당할 수 없는 부채일 수도 있다.

편견에 휘둘릴수록 좋은 친구는 떠나간다

많은 사람들의 마음을 불같이 뜨겁게 하고 몰입하게 만드는 사람을, 우리는 카리스마를 갖춘 영웅이라고 부른다. 예를 들면 알렉산더 대왕이나 나폴레옹 같은 사람들이다.

매우 이기적이고, 사고방식과 행동이 비정상적인 사람을 우리는 교활한 자, 혹은 과대망상증 환자라고 멸시한다. 여기에도 역시 알렉산더 대왕이나 나폴레옹 같은 사람들이 속한다.

우리는 이처럼 알렉산더 대왕이나 나폴레옹을 추앙하기도 하고, 멸시하기도 한다. 왜 그럴까? 그 이유는 바로 사람들의 평판에 지나치게 귀를 기울이기 때문이다.

어떤 사람에 대한 올바른 평가를 내리려면, 주위의 소문에서 빠져나와 완전한 무無에서 시작하지 않으면 안 된다. 소문에 의지하면 사람을 판단하는 눈이 흐려지기 때문이다.

어떤 사람에 대한 올바른 평가를 내리려면, 주위의 소문에서 빠져나와 완전한 무에서 시작하지 않으면 안 된다.

고결한 이미지를 부여하라

사람들은 자신이 하는 일이 이 세상에서 가장 중요하고 고결한 일이기를 원한다.

가령, 가사 일을 도맡아 하는 아내에게 "당신은 훌륭한 요리사야"라고 아무리 칭찬한다고 해도 아내가 수긍하지 못한다면, 그것은 유치한 아부에 불과하다. 아내가 기분 좋게 요리할 수 있도록 만들려면, 다음과 같은 말도 할 줄 알아야 한다.

"외식할까? 하지만 맛도 없는 음식에 돈만 낭비하는 건 아닐까? 외식보다는 당신이 만든 음식이 훨씬 맛있는데……."

이를테면 요리 솜씨에 대한 칭찬과 더불어, 아내의 요리가 가계 경제에도 이바지하고 있다는 고결한 이미지를 부각시키는 것이다.

상대방이 하는 일이 세상에서 가장 중요하고 고결한 일임을 인식시켜 주어라.

성공

성공한 사람들은 위기를 만났을 때
비로소 소중한 성공을
이룰 수 있었다

성공은 미지의 세계로의 도전이다

성공은 변화와 실패를 무릅쓴 모험에서 비롯된다. 위대한 것을 시도해 보지 않은 사람의 실패는 보잘것없으며, 사람들의 이목을 끌지 못한다. 대체로 비범한 업적을 이룬 사람들의 실패는 세간의 주목을 받아 다른 많은 실패자들을 안도하게 만든다.

많은 사람들이 친숙한 생활을 뒤로하고 미지의 세계로 들어가는 것을 꺼린다. 그러면서도 정작 자신만은 성공을 위해 부단히 노력한다고 주장한다. 하지만 그것은 시늉만 내는 것일 뿐, 결코 성공을 위해 노력한다고 말할 수 없다. 성공은 용기를 내어 알을 깨고 나오는 자에게만 주어지는 빛나는 훈장임을 명심해야 한다.

성공은 용기를 내어 알을 깨고 나오는 자에게만 주어지는 빛나는 훈장이다.

현재의 과업에 열중하라

우리는 하는 일이 어렵고 힘들 때마다 좀 더 재미있고 가치 있는 다른 일을 찾아 눈을 돌리게 된다. 하지만 이 세상에 정신적으로나 물질적으로 동시에 만족할 만한 직업은 그리 많지 않다. 그래도 굳이 다른 일을 찾아 나서야 한다면, 현재 하고 있는 일의 주위에서부터 찾아봐야 한다. 우리에게는 다른 일을 찾아 나설 만큼의 여유가 없다.

따라서 현재의 임무를 부지런히 수행함으로써 다음 단계로의 도약을 위한 새로운 방향이 제시되도록 힘써야 한다. 그것이 모색의 시간을 줄일 수 있는 최선의 방법이다.

현재의 임무를 부지런히 수행함으로써 다음 단계로의 도약을 위한 새로운 방향이 제시되도록 힘써야 한다. 그것이 모색의 시간을 줄일 수 있는 최선의 방법이다.

쉴 새 없이 배우고 도전해야 한다

지시받은 일을 그럭저럭 해내는 사람은 장래성이 없다. 반면 많은 사람의 지지를 받는 사람은 인생 전반에 걸쳐 발생하는 모든 일에 관심을 가지고 도전하는 사람이다.

우리는 항상 무엇을 배우고, 무엇에 도전할 것인가를 생각하지 않으면 안 된다. 아무것도 배우지 않는 자에게 돌아갈 수 있는 최대의 찬사는 따분한 하품뿐이다. 만약 당신이 가지고 있는 형편없는 의견과 지식에 만족한다면, 그대로 머물러도 좋다. 사람들은 매시간 진보해 감으로써 당신을 영락없는 무식쟁이로 취급할 것이다.

우리는 무엇을 배우고, 무엇에 도전할 것인가를 생각하지 않으면 안 된다. 아무것도 배우지 않는 자에게 돌아갈 수 있는 최대의 찬사는 따분한 하품뿐이다.

빠른 성공을 부러워하지 말라

지름길은 가깝지만, 여러 가지 문제가 따르는 올바르지 못한 길일 경우가 많다.

무슨 일을 할 때 정당한 방법을 쓰지 않고 급한 대로 임시 편법을 쓰게 되면 항상 뒤탈이 따른다. 그럼에도 불구하고 사람들은 기회만 있으면 이 길로 달려가려고 한다.

올바른 길은 안전하다. 또한 주어지는 상도 크고 견고해서 오래도록 유지된다. 그러나 올바른 길은 멀리 돌아가지 않으면 안 되는 단점이 있다. 그런 의미에서 신의 작업은 매우 공평하다. 우리는 어떠한 경우에도 멀리 돌아가는 것의 참된 의미를 잊어서는 안 된다.

올바른 길은 안전하다. 또한 주어지는 상도 크고 견고해서 오래도록 유지된다.

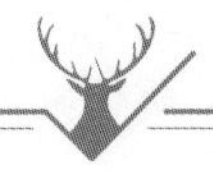

공적은 남에게 돌려라

어떤 일의 공적을 독차지하는 사람은 원성의 목표가 된다. 그런 사람은 이 세상의 모든 일이 여러 사람의 협력 아래 이루어진다는 사실을 모르는 참으로 불쌍한 존재이다.

"그 일이 성사된 것은 우리 부서원들이 일치단결하여 노력한 결과입니다."

이렇게 말한다고 해도 대다수 사람들은 그 말을 믿지 않는다.

"아니네. 그 일은 자네가 아니었으면 결코 해내지 못할 일이었네."

과정과 결말을 다 아는 일에 겸손을 부린다고 해서 비난할 사람은 아무도 없다.

어떤 일의 공적을 독차지하는 사람은 이 세상의 모든 일이 여러 사람의 협력 아래 이루어진다는 사실을 모르는 참으로 불쌍한 존재이다.

확신은 현실을 불러온다

인간은 마음속에서 떠오르는 모든 것을 현실로 만들 수 있다고 한다. 그러므로 성공은 그것을 확신하는 사람에게만 찾아온다. 조금이라도 실패를 의식하면 실패하고 만다.

성공한 사람들의 공통점은, 어떠한 상황에서도 불가능은 없다는 믿음을 굽히지 않았다는 것이다. 어떤 목표든 육체적 고행이나 희생이 요구되지 않는 것은 없다. 그것을 감안하고 성공에 대한 확신을 굽히지 않을 때 비로소 성공할 수 있는 것이다.

성공한 사람들의 공통점은, 어떠한 상황에서도 불가능은 없다는 믿음을 굽히지 않았다는 것이다.

가까운 곳을 먼저 돌아보아야 한다

어떤 사람과 건설적인 유대 관계를 맺고 싶다면, 먼저 그의 배우자와 자녀들과 친해져야 한다. 가정에서 지지를 받지 못하는 사람이 직장 동료들의 인기를 독차지한다는 것은 불가능하며, 설령 그렇다고 해도 그것은 그 사람의 교활한 이중성을 반영하는 것일 뿐이다.

대인관계에 능숙한 사람은 가정의 안정된 지지를 바탕으로 자기만의 독특만 매력을 쌓아 간다. 반면 가정을 방해물로 생각하는 사람은 더 높은 곳으로의 도약대를 값싸게 팔아 버리는 어리석은 사람이다.

가정을 방해물로 생각하는 사람은 더 높은 곳으로의 도약대를 값싸게 팔아 버리는 어리석은 사람이다.

거대한 강물도 작은 시냇물에서 비롯된다

작은 일에도 최선을 다하는 사람은 모든 사람의 눈에 아름답게 비춰진다. 일을 끝낸 후의 상쾌함, 충만감은 그 사람을 통해 타인에게까지 전해져 활력을 준다. 사람들은 큰일에는 의욕을 갖고 뛰어들지만, 하찮다고 생각하는 일에는 전력을 다하지 않는다. 하지만 세상의 어떤 큰 부자나 훌륭한 인물도 처음에는 아주 작은 일부터 시작했다는 것을 명심해야 한다.

작은 일조차 제대로 처리하지 못하는 사람이 큰일을 잘할 수 있으리라는 기대는 일찌감치 버리는 것이 좋다.

세상의 어떤 큰 부자나 훌륭한 인물도 처음에는 아주 작은 일부터 시작했다는 것을 명심하라.

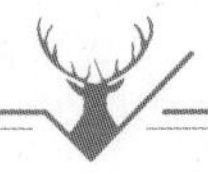

성공은 행복을 향해 나아가는 삶이다

일반적인 성공의 기준은 그 사람이 얼마나 큰 아파트에 사느냐, 얼마나 비싼 고급차를 모느냐, 얼마나 많은 돈을 갖고 있느냐에 따라 결정된다. 하지만 이것은 어디까지나 타인의 잣대에 의한 성공에 불과하다.

진정한 성공이란 남들의 기대를 충족시키는 것이 아니라, 자신의 가치를 깨닫고 자신의 행복을 위해 나아가는 삶이다.

진정한 성공이란 남들의 기대를 충족시키는 것이 아니라, 자신의 가치를 깨닫고 자신의 행복을 위해 나아가는 삶이다.

금전적 보상에 집착하지 말라

일에 관한 한, 금전적 보상에 집착하지 말자. 우리가 응당 받아야 할 보상은 안달하지 않아도 저절로 오기 마련이다. 금전적 보상에 대한 지나친 관심은 오히려 일의 진행을 방해한다.

사수의 시선이 표적을 향하지 않고 상금만 흘끔거린다면, 상금과 표적을 동시에 놓치는 결과를 초래할 것이다. 일에 대해 흥미를 가지고 푹 빠져 있다면, 그것은 모든 사람들에게 성스러운 행위로 비춰진다. 이는 당신의 일과 금전적 보상을 더욱 크게 하는 일이 된다.

일에 대해 흥미를 가지고 있다면, 그것은 모든 사람들에게 성스러운 행위로 비춰진다.

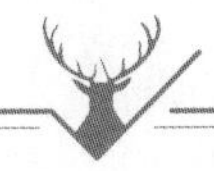

창의성을 표출하라

일반적인 흐름에 맞추어 가는 일은 쉽다. 보통 우리들이 자기 의견을 말하지 못하는 것은 웃음거리가 되지 않을까 하는 두려움 때문이다.

상대방은 이렇게 말할 것이다.

"당신의 분명한 의견을 듣고 싶소."

그럴 때 비겁자는 이렇게 말할 것이다.

"저의 의견은 다른 사람과 별로 다르지 않습니다."

타인이 내린 판단에 자신의 온몸을 내던지는 편리함을 선택하지 말라. 훌륭한 아이디어는 평범함에 있지 않다. 설사 당신의 의견이 채택되지 않더라도, 당신에게 느끼는 강렬한 인상은 오래도록 남을 것이다.

타인이 내린 판단에 자신의 온몸을 내던지는 편리함을 선택하지 말라.

어차피 할 일이라면 즐겁게 한다

어차피 해야 할 일이라면 얼굴을 찌푸릴 필요가 무엇인가. 일을 하면서 짜증을 부리는 것은 다른 사람들까지 짜증나게 만든다.

즐거운 것처럼 행동하면 언젠가는 정말로 즐거워진다. 어떤 일을 하더라도 아주 재미가 있어서 못 견디겠다는 듯이 해보라. 정말로 일에 몰두하고 있는 자기 자신을 발견하게 될 것이다.

어떤 일이든 아주 재미가 있어서 못 견디겠다는 듯이 해보라. 정말로 일에 몰두하고 있는 자기 자신을 발견하게 될 것이다.

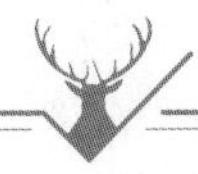

일을 스승처럼 소중히 대하라

일은 가장 훌륭한 스승이라는 말이 있다. 노동의 목적이 반드시 돈에 있는 것은 아니다. 그것은 오히려 부수적이다. 노동을 하는 가운데 우리는 금전의 보상을 능가하는 한 가지 깨달음을 얻게 된다. 그리고 그 깨달음을 얻었을 때 비로소 일의 가치는 생성된다.

꽃을 생각해 보자. 꽃의 존재 의미는 씨를 생산하는 데 있다. 씨가 맺어지면 꽃은 시들어 떨어지는 것을 감수해야 한다. 일을 하면서 교훈을 얻지 못한다면, 씨를 맺지 못하고 하릴없이 피었다 지는 꽃과 다름없다.

일을 하면서 교훈을 얻지 못한다면, 씨를 맺지 못하고 하릴없이 피었다 지는 꽃과 다름없다.

믿는 대로 이루어진다

불치병에 걸린 한 사람이 눈물을 흘리며 비통해 했다.

"빌어먹을 세상, 모든 게 마지막이구나."

그러자 병세가 급속도로 악화되었다. 얼마 후 그는 마음을 고쳐먹었다. 억지로라도 미소를 지으며 밝아지기 위해 노력했고, 그렇게 해서 그는 기적적으로 회복되었다.

그 후 그는 이렇게 고백했다.

"물론 성격이 밝아졌다고 해서 병이 나을 리야 없겠지만, 긍정적인 마음가짐이 병을 이겨내는 데 보탬이 된 것만은 분명합니다."

긍정적인 사고는 잠재의식에 계속해서 신호를 보냄으로써 성공적인 행동을 유도한다고 한다. 모든 것은 믿는 대로 이루어지는 법이다.

긍정적인 사고는 잠재의식에 계속해서 신호를 보냄으로써 성공적인 행동을 유도한다.

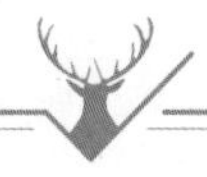

최소한 한 가지 일에 능통해야 한다

뛰어난 전문가는 이곳저곳에 불려 다닐 만큼 인기가 좋다. 때로는 많은 사람들이 직접 찾아와 자문을 구하기도 한다. 한 가지 일에 능통한 전문가는 자연스럽게 대인관계의 주도자가 된다. 실력을 갖춘 전문가는 어떤 사람을 만나도 두려움이 없다. 왜냐하면 사람들은 전문가라는 이유만으로 품었던 의심을 철회하기 때문이다.

따라서 상대방이 당신의 의견에 사사건건 반대한다 해도, 그것이 전적으로 그 사람의 잘못만은 아니다. 필시 당신은 어느 한 가지 일에도 능통하지 못했을 것이다. 상대를 제압할 수 있는 단 한 가지의 능력도 없다면, 무능력한 사람으로 낙인찍힐 수밖에 없다.

한 가지 일에 능통한 전문가는 자연스럽게 대인관계의 주도자가 된다. 실력을 갖춘 전문가는 어떤 사람을 만나도 두려움이 없다.

당신의 역사는 오늘 쓰여지는 것이다

과거의 실패에 연연해서는 안 된다. 또한 내일의 불안과 걱정에 대해 지나친 시간을 할애해서도 안 된다. 인생은 매일 매일이 쌓여서 이루어진 결과물이다.

따라서 무엇이든 하고자 하는 일이 있다면, 지금 당장 시작하라. 미래의 불안을 줄이고, 과거의 실망에서 빠져나오는 길은 지금 당장 얼마나 최선을 다하느냐에 달려 있다.

미래의 불안을 줄이고, 과거의 실망에서 빠져나오는 길은 지금 당장 얼마나 최선을 다하느냐에 달려 있다.

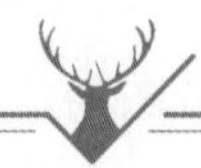

큰 보상의 수혜자가 되어라

겸손한 사람들은 스스로 인생에 있어 큰 성공을 거두지는 못할 거라고 지레 짐작한다. 그래서 많은 사람들이 큰 보상은 남의 것으로 돌리고 작은 보상을 위해 투쟁한다.

하지만 정직하고 명예스럽게 일했다면, 누구라도 큰 보상의 수혜자가 될 수 있다. 큰 보상을 누리는 일은 그 자격을 타고났거나, 행운에 의해 획득하는 것이 아니다. 큰 보상을 염두에 두고 전 생애를 통틀어 끊임없이 매진하고 노력한 결과물인 것이다.

정직하고 명예스럽게 일했다면, 누구라도 큰 보상의 수혜자가 될 수 있다.

경쟁이 없는 곳에서 싸워라

세상은 피라미드와 같은 구조로 되어 있다. 누군가는 오르고, 또 누군가는 떨어지는 치열한 전쟁터이다. 당신이 그 싸움에 가담할 것이냐 마느냐의 선택은 있을 수 없다. 이 세상에 태어났다는 이유만으로 당신은 그 구조의 어느 한 부분에서 치열한 싸움을 전개해야 하는 것이다.

그러나 가능하면 피라미드 아래에서는 싸우지 말라. 그곳은 너무나 많은 경쟁자들이 몰려 있어 치열하고 고달프다. 싸우되 가급적이면 피라미드의 꼭대기에서 싸워라. 맞닥뜨려야 할 상대가 힘겹기는 하겠지만, 당신이 설정한 목표를 가로막는 경쟁자는 적을 것이다.

가급적이면 피라미드의 꼭대기에서 싸워라. 상대가 힘겹기는 하겠지만, 당신이 설정한 목표를 가로막는 경쟁자는 적을 것이다.

동기를 부여하라

어떤 일을 할 때 자꾸만 마음이 황량해지는 것은 일을 수행해야 하는 뚜렷한 동기가 없기 때문이다.

'내가 다른 사람이 싫어하는 이 일을 하는 것은 다른 사람을 위해서야.'

'이 일을 하지 않으면 무척 따분할 거야. 그렇게 시간을 보내느니 차라이 일이라도 끝내자.'

어떤 것이든 좋다. 동기를 부여하는 한, 일은 그 자체로 보람이 되고 즐거움이 될 것이다.

어떤 일을 할 때 자꾸만 마음이 황량해지는 것은 뚜렷한 동기가 없기 때문이다.
동기를 부여하면 일은 그 자체로 보람이 되고 즐거움이 될 것이다.

포기함으로써 얻는다

일반적으로 사람들은 성공을 쟁취하는 거라고 착각한다. 하지만 성공은 일정 부분을 포기해야 비로소 얻어진다. 훌륭한 운동선수라면 술과 담배, 여자와 지내는 시간들을 아낌없이 포기해야 하며, 다이어트에 성공하기 위해서는 맛있는 음식을 포기해야 한다. 좋은 성적을 거두고자 하는 학생은 컴퓨터 게임과 달콤한 수면 시간을 줄여야 할 것이다.

건전한 대인관계를 위해서는 말하고 싶은 욕구, 이익을 쟁취하려는 욕구, 순간순간 거짓으로 위기를 모면하려는 욕구를 포기해야 한다.

만약 같은 지점에서 출발한 사람들이 당신을 앞질러 달려가고 있다면, 이는 그들이 더 많은 것들을 포기해 왔다는 사실을 증명하는 것이다.

성공은 일정 부분을 포기해야 비로소 얻어진다.

참다운 성공은 모든 비난을 극복한다

한 분야의 선두자는 시기와 질투심의 표적이 된다. 시기와 질투는 평범한 사람에게 창끝을 들이대지 않는다. 그는 외톨이가 될 수 있으며, 끊임없는 소문의 소용돌이 속에 휩쓸려야만 한다. 성공한 사람은 성공했다는 이유만으로 공격당한다. 그와 동등하지 못하거나, 그를 이기지 못하는 사람들이 비난하고 파괴하려 들기 때문이다.

하지만 진정으로 성공한 사람은 이런 질투의 거짓 소리에 능욕당하거나 손해를 입지 않는다. 그런 비열한 시도는 오히려 그의 성공을 돋보이게 할 뿐이다. 성공의 토대가 약하거나 온당치 못한 수단에 의지한 사람은 한두 번의 공격으로도 쉽게 허물어진다. 그러나 참된 능력에 의지해 성공한 사람에게는 항상 실력 있는 추종자들이 따르며, 그의 신변을 보호해 준다.

성공의 토대가 약하거나 온당치 못한 수단에 의지한 사람은 한두 번의 공격으로도 쉽게 허물어진다. 성공이란 참된 능력에 의한 것이라야 한다.

아는 것이 힘이다

아는 것이 힘이다. 그러나 단순한 지식은 힘이 되지 못한다. 명확한 목표를 향해 체계화된 지식이어야 한다. 그렇지 않은 지식은 관념으로만 남게 된다. 따라서 문제는 쌓은 지식을 어떻게 활용하느냐에 달려 있다.

성공하는 사람들은 자신의 인생, 목적, 일을 위해 항상 끊임없이 연구한다. 반면 실패하는 사람들은 학교 졸업과 동시에 지식의 흡수를 끝낸다.

단순한 지식은 힘이 되지 못한다. 명확한 목표를 향해 체계화된 지식이어야 한다.

차근차근 쌓은 계단이 오래간다

많은 사람들이 주어진 임무를 얼마나 빨리 완수하느냐에 따라 그 사람의 능력을 평가한다. 당신은 이런 편견에 휘둘리지 말아야 한다.

인생은 더디지도 않지만, 짧지도 않다. 우리가 평생의 업적을 이루는 과정은 한 생애로써 넉넉하다. 인생의 성패를 가름하는 것은 죽는 순간에 판단할 일이지, 그 과정에서 왈가왈부할 게 아니다. 더디지만 차근차근 밟아 가는 인생이, 마지막 순간 당신을 미소 짓게 할 것이다.

인생의 성패를 가름하는 것은 죽는 순간에 판단할 일이다. 차근차근 밟아 가는 인생이, 마지막 순간 당신을 미소 짓게 할 것이다.

결점은 성공을 향한 원동력이다

당신의 결점이 당신을 괴롭힌다면, 그 부정적인 에너지를 행동하는 데 쏟아 부어라. 근심은 운명을 조정할 수 없지만, 노력은 얼마든지 당신의 운명을 바꿀 수 있다. 당신의 결점을, 행동을 부추기는 동력으로 삼을 줄 알아야 한다. 결점이 무엇이든 간에 그것을 이용하여 당신의 인격을 한 단계 성숙시키는 것이다.

근심은 운명을 조정할 수 없지만, 노력은 얼마든지 당신의 운명을 바꿀 수 있다.

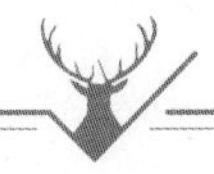

불가능한 목표는 좌절을 안겨 준다

"억만장자와 결혼하면 얼마나 좋을까?"

"복권에 당첨되면 얼마나 좋을까?"

달성할 수 없는 막연한 목표에 손을 뻗치면 뻗칠수록 당신의 좌절감은 늘어날 것이다.

당신은 구체적이고 확실한 목표를 세워야 한다. 한 달의 목표를 세우고, 하루의 목표를 세워야 한다. 그리고 전심전력을 다해서 노력해야 한다. 그렇게 해서 목표를 이뤄냈다면, 그 성취감은 당신의 삶을 더욱 윤택하게 할 것이다.

달성할 수 없는 막연한 목표에 손을 뻗치면 뻗칠수록 당신의 좌절감은 늘어날 것이다. 따라서 구체적이고 확실한 목표를 세워야 한다.

추위를 겪은 자만이 태양의 따뜻함을 안다

추위에 떨어 본 사람이 태양의 따뜻함을 느끼듯, 인생의 고뇌를 겪어 본 사람만이 생명의 존귀함을 안다. 어떤 경우든 새로운 일에 손을 대지 않으면 실패란 있을 수 없다. 성공을 위해서는 반드시 새로운 일을 시작해야 하고, 혹 실패를 하더라도 그것을 훌륭한 경험으로 삼을 줄 알아야 한다.

만일 한 번의 실패에 좌절한다면, 그것은 자신의 손발을 스스로 꺾는 것과 같다. 실패에 대한 불안감이 솟는다면 이렇게 속삭여라.

"너는 실패를 참 많이 하는 사람이지. 하지만 그 실패를 극복해 나가야 하는 사람도 바로 너야."

성공을 위해서는 반드시 새로운 일을 시작해야 하고, 혹 실패를 하더라도 그것을 훌륭한 경험으로 삼을 줄 알아야 한다.

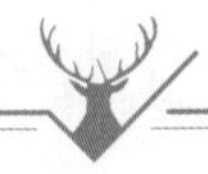

손해를 이익으로 전환하라

물을 쏟았다고 아이를 나무랄 필요는 없다. 현명한 사람은 이렇게 말할 것이다.

"마침 바닥을 청소하려던 참인데, 잘됐구나."

이미 지나간 손해에 대해 애태우기보다는, 그 손해를 이익으로 전환시킬 방법이 없는지 살펴보는 것이 현명한 처사다.

지나간 손해에 대해 애태우기보다는, 그 손해를 이익으로 전환시킬 방법이 없는지 살펴보는 것이 현명한 처사다.

귀는 두꺼워야 한다

다른 사람의 말에 이끌려 결정을 변경하거나 혹은 결정을 내리지 못한다면, 당신은 결코 성공할 수 없다. 실패한 사람들의 공통점은 '귀가 얇다'는 것이다.

이런 사람들은 다른 사람의 의견에 쉽게 동요되며, 신문 기사나 방송, 떠도는 하찮은 소문에도 쉽게 흔들린다. 또한 그들은 결정은 느린 반면, 변경을 할 때는 매우 신속하다.

결정은 신중하면서도 신속해야 하지만, 한번 내린 결정을 바꿀 때는 시간을 갖고 신중하게 생각하지 않으면 안 된다.

결정을 바꿀 때는 시간을 갖고 신중하게 생각하지 않으면 안 된다.

기회는 사람들이 돌아보지 않는 곳에 존재한다

만약 당신에게 쉬운 일과 어려운 일의 선택권이 주어진다면, 어려운 일을 선택하는 것이 현명하다. 사람들은 대부분 쉬운 일을 좇아서 달려간다. 그러나 쉬운 일은 누구나 할 수 있는 당연한 것으로 생각되어, 성공적으로 끝나도 돌아갈 상이 없다. 반면 어려운 일을 성공적으로 끝마치면, 모든 사람들의 뇌리에 깊이 각인되고 상 또한 두 배로 커진다. 설사 그 일이 실패로 돌아간다고 해도 동정과 위로가 쏟아질 것이다.

굳이 다른 사람들을 의식할 필요 없이 가끔씩은 어려운 일을 택해 스스로의 능력을 검증해 보는 것도 좋다. 어려운 일일수록 성취감과 자신감은 배가된다.

어려운 일을 택해 스스로의 능력을 검증해 보는 것이 좋다. 어려운 일일수록 성취감과 자신감은 배가된다.

최대의 패배자가 되어라

최대의 패배자가 되려는 사람은 최대의 승리자가 될 수 있다. 마음에 여유가 없는 사람은 무슨 일을 하더라도 각박해질 수밖에 없다. 최대의 승리자가 되려는 강박 관념은, 다른 사람과 강하게 부딪치게 만들어 회복할 수 없는 최대의 패배자로 전락시킨다.

인생은 크고 작은 싸움의 연속이다. 분명한 것은 아무리 노력해도 모든 싸움에서 승리하기는 어렵다는 것이다. 따라서 어떤 싸움에서는 승리하고, 또 어떤 싸움에서는 점잖게 져 주어야 할지 구분해 두지 않으면 안 된다.

진정한 승리자는 99번의 싸움에 패하더라도, 승리해야 할 싸움에서 꼭 이기는 단 한 번의 승리자이다.

최대의 승리자가 되려는 강박 관념은, 다른 사람과 강하게 부딪치게 만들어 회복할 수 없는 최대의 패배자로 전락시킨다.

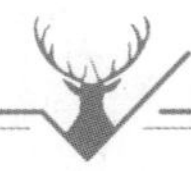

실패의 여지를 허락하라

누구나 완벽한 인간을 꿈꾸지만, 그런 사람은 현실 속에 존재하지 않는다. 무엇을 할 것인가 주저하지 말라. 당신이 일을 마칠 때까지는 아무도 그 결과를 알지 못한다.

중요한 것은 그 일을 하고자 하는 시도이다. 완벽을 기대하여 자신을 머뭇거리게 해서는 안 된다. 실패의 여지를 부여하는 것이야말로 그 일을 실수 없이 처리하게 하는 힘이 된다.

완벽을 기대하여 자신을 머뭇거리게 해서는 안 된다. 실패의 여지를 부여하는 것이야말로 그 일을 실수 없이 처리하게 하는 힘이 된다.

성공했던 때를 회상하라

부정적인 생각들로 미리 지쳐서는 안 된다. 그럴 때는 과거에 거둔 성공을 마음속에 그려 보라. 대단한 성공이 아니어도 좋다. 조그만 만족감이라도 되살려 보는 것이다. 대신 과장된 감정이나 자만은 끼어들지 못하게 하라. 당신은 조금씩 즐거움이 부풀어 오르는 것을 느낄 것이다.

그렇게 완성된 즐거움을 당신의 마음속에 싱싱하게 유지시켜라. 당신은 스스로에게 호감을 갖게 됨으로써 긍정적인 인간으로 다시 태어날 것이다.

마찬가지로 당신이 불행하다고 생각된다면 행복했던 때를 상기하라. 당신은 그때, 투정을 부리기보다는 한 가지 목표를 위해 많은 노력을 기울였을 것임이 분명하다.

과거에 거둔 성공을 마음속에 그려 보라. 당신은 스스로에게 호감을 갖게 됨으로써 긍정적인 인간으로 다시 태어날 것이다.

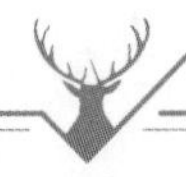

같은 배에 태운다

인생의 목표를 달성하기 위해 어쩔 수 없이 타인에게 도움을 청할 때가 있다. 그때 가장 기본적이고도 효과적인 방법으로, 역사상 위대한 웅변가들은 '우리들'이라는 단어를 자주 사용했다. 어떤 일이든 한몫 끼어든 사람은, 방관자 입장에 서 있는 사람에 비해 훨씬 적극적으로 많은 일을 하게 된다.

"나와 당신은 이 일을 해야만 합니다" 대신에 "우리들은 함께 이 일을 해야만 합니다"라고 말하는 것이다.

서로간에 해악이 없는 일이라면, 굳이 '나는' 혹은 '당신은' 하면서 이질감을 부추길 필요는 없다.

타인에게 도움을 청할 때는 '우리들'이라는 단어를 사용하라.

중상모략가로부터 힘차게 도망쳐라

중상모략가들은 소문과 음험한 속삭임을 퍼뜨리는 데 남다른 재능을 가지고 있으며, 건설적인 일보다는 파괴를 즐기는 고약한 사람들이다. 대부분의 사람들은 이들의 표적에서 벗어나기 어렵다. 그들은 올바른 자들의 주변 사람들을 달콤한 말로 꼬드겨 자기편으로 만든다. 온갖 험담으로 그의 명성을 파괴하기 위해서이다.

만약 당신 주변에 그런 사람이 있다면, 귀를 기울이기보다 힘차게 도망쳐야 한다. 그렇지 않으면, 그가 내뿜은 독소를 고스란히 뒤집어쓰게 될 것이다.

중상모략가들에게 귀를 기울이기보다는 도망쳐라. 그렇지 않으면 그가 내뿜은 독소를 고스란히 뒤집어쓰게 될 것이다.

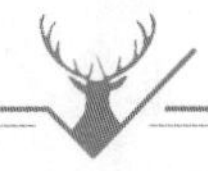

개선의 시기를 놓치지 말라

상품을 팔기 위해서는 그 상품에 대한 정확한 지식이 있어야 한다. 마찬가지로 자신을 잘 팔기 위해서는 그 능력을 검증하는 일이 우선되어야 한다. 특히 결점을 파악하고 있어야 하며, 그것을 개선하기 위한 노력이 끊임없이 이어져야 한다. 그렇게 해야만 자신의 능력을 효과적으로 팔 수 있다.

자신을 파는 데 실패하는 것은 경쟁자나 다른 환경적 요인 때문이 아니다. 자신의 결점에 애써 눈을 감아 개선의 시기를 놓치기 때문이다.

자신을 파는 데 실패하는 것은 자신의 결점에 애써 눈을 감아 개선의 시기를 놓치기 때문이다.

현명하게
복수하라

성공한 경쟁자를 질투하는 데 에너지를 낭비하지 말라. 만일 타인이 가하는 부당함에 화가 난다면, 그것에 대한 최대의 복수는 경쟁자보다 성공하는 것이다.

당신의 욕심을 최대한 키워라. 대신 모든 사람에게 선의로 해석될 수 있고, 자신에게도 만족스런 욕심이어야 한다. 이를테면 돈을 벌려는 욕심을 성공하려는 욕심과 맞바꾸는 것이다.

경쟁자가 나타나면 이렇게 생각하라.

"성공은 가장 달콤한 복수이다."

성공한 경쟁자를 질투하는 데 에너지를 낭비하지 말라. 최대의 복수는 경쟁자보다 성공하는 것이다.

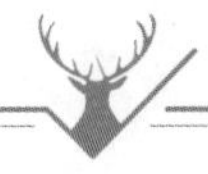

정당하지 못한 것은 오래가지 않는다

남에게 상처를 입히면서까지 성공을 거두고 싶다면 그렇게 하라. 당신은 성공에 도취해 있을지 모르지만, 사람들은 성공의 동굴 속에 어떤 비밀이 숨어 있는지 속속들이 알고 있다.

타인으로부터 빼앗았거나 남을 희생시켰던 행위는 예상하지 못한 순간에 날아와, 뒤통수를 치는 돌멩이가 된다. 정당하지 못한 방법으로 돈을 모은 사람들이 중상을 입은 채 쓰러지는 모습을 우리는 많이 봐 왔다.

어떤 사람은 이렇게 말할 것이다.

"돈으로 보상하겠소."

분명한 것은 지위나 명예는 돈으로 살 수 있을지 모르나, 진실과 정의는 터럭만큼도 결코 살 수 없다는 것이다.

당신의 행동이 어떤 사람에게는 행복을, 또 어떤 사람들에게는 불행을 가져다준다는 사실을 염두에 두어야 한다.

타인으로부터 빼앗았거나 남을 희생시켰던 행위는 예상하지 못한 순간에 날아와, 뒤통수를 치는 돌멩이가 된다.

남의 성공담에 현혹되지 말라

서로 다른 개성을 가진 사람들이 만나는 인간관계에서는 성공에 관한 일정한 공식이 없다. 당신이 가진 기초적인 능력을 바탕으로, 얼마나 상상력을 발휘하고 유용한 요소를 끄집어낼 수 있는지가 중요하다.

남이 한 방식이 성공을 거두었다고 해서 그것이 자신에게도 적용되리라는 생각은 버려라. 당신만의 성공 방식을 정하는 것이 우선이다.

남이 한 방식이 성공을 거두었다고 해서 그것이 자신에게도 적용되리라는 생각은 버려라.

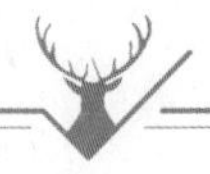

실패는 기회다

인생을 살아가다 보면, 뜻대로 되는 일보다 그렇지 않은 일이 더 많다. 그러나 성공한 삶을 살기 위해서는, 그런 어려움쯤은 큰 도약을 위한 준비로 이해해야 한다.

기회는 불행이나 일시적인 패배의 그림자 뒤에 숨어서 오는 경우가 많다. 때문에 사람들은 종종 이런 기회를 놓쳐 버린다. 성공하는 사람보다 실패하는 사람이 더 많은 이유는 일시적인 패배를 완전한 실패로 보고, 더 이상의 노력을 포기해 버리기 때문이다. 하지만 가장 위대한 성공은 패배에 굴복하고 잠시 시간이 지났을 때 찾아오는 것이다.

패배하더라도 마음을 가다듬고 눈을 부릅뜬 채 사방을 두리번거려야 하는 이유가 바로 여기에 있다.

가장 위대한 성공은 패배에 굴복하고 잠시 시간이 지났을 때 찾아오는 것이다.

노력은 운명도 바꿀 수 있다

인간은 각자의 운명에 맞는 특별한 환경 속에서 태어난다. 인간의 의지나 욕망, 소질 등은 운명의 일부분일 뿐이다. 누구나 지금과 같은 환경에서 태어나기를 고집한 사람은 없다. 그것은 우리의 선택이 아니라, 보이지 않는 운명의 끈을 쥐고 있는 신의 작업이다.

그렇다고 운명론에 기대어 자신의 노력을 포기할 필요는 없다. 신은 매사에 공평하지만, 때로 지루한 것을 참지 못하는 매우 변덕스러운 존재이다.

최선을 다하라. 당신이 할 일은, 당신이 가진 모든 능력을 쏟아 부은 후에 변덕스런 신의 최종 판결을 기다리는 것이다.

운명론에 기대어 자신의 노력을 포기할 필요는 없다. 당신이 할 일은, 당신이 가진 모든 능력을 쏟아 부은 후에 변덕스런 신의 최종 판결을 기다리는 것이다.

눈앞의 장애가 시도를 막을 수는 없다

성공한 사람들은 모두 난관에 봉착해서야 비로소 소중한 성공을 일구어 낼 수 있었다. 밀턴은 장님이었고, 베토벤은 귀머거리였으며, 차이코프스키는 불행한 결혼으로 자살을 생각하기도 했었다. 도스토예프스키나 톨스토이도 고달픈 인생행로를 인내해 온 사람이다. 그들은 다른 사람들이 상상하지 못한 장애 속에서 찬란한 업적을 성취해 낸 장본인들이다.

따라서 우리들도 어떠한 시도든 해볼 자격이 있다. 두려워할 필요는 없다. 그 시도가 이익을 가져올망정 손해를 끼치지는 않기 때문이다. 성공은 가만히 앉아서 거두어들이는 결실이 아니라, 시도함으로써 얻어지는 결과물이다.

성공은 가만히 앉아서 거두어들이는 결실이 아니라, 시도함으로써 얻어지는 결과물이다.

비켜 갈 수 없을 때는 확실히 결정한다

우유부단은 반드시 버려야 할 적이다. 이를 극복하는 방법은 결단이 필요할 때마다 희망적인 생각에 집중하는 것이다. 근심과 의혹이 끼어들 여지를 주지 말아야 한다.

이렇게 생각하라.

'아무리 걱정한다고 해도 실패가 성공으로 바뀐다든가, 성공이 실패로 바뀌는 일은 없다.'

더욱이 눈앞에 다가온 과업이라면 어떤 쪽이든 과감하게 선택해야 한다. '노'라고 대답하고 싶다면 '노'라고 말하라. 그 결과가 어떻게 나올 것인지 걱정하며 망설여서는 안 된다. 만약 결과가 예상과 다르더라도 당신은 자신의 판단을 탓해서는 안 된다.

행동할 때가 오면 망설이지 말라. 사람에게는 생각할 때가 있고, 행동해야 할 때가 있는 것이다.

눈앞에 다가온 과업이라면 어떤 쪽이든 과감하게 선택해야 한다. 그 결과가 어떻게 나올 것인지 걱정하며 망설여서는 안 된다.

강요로 성공을 거둘 수는 없다

강요는 언뜻 보기에 만족스런 결과를 얻어 낼 수 있는 것처럼 보인다. 그러나 지금까지 강요만으로 영원한 성공을 거둔 예는 없었고, 앞으로도 없을 것이다. 강요로 인간의 육체를 구속할 수는 있어도, 정신까지 구속할 수는 없다. 건강한 정신을 가진 사람이 스스로를 통제하겠다는 마음만 먹으면, 아무도 그의 정신을 지배할 수 없다.

그러나 불행하게도 많은 사람들이 스스로 통제할 권리를 포기하고, 너무도 쉽게 남의 채찍에 몸을 내맡긴다.

강요로 인간의 육체를 구속할 수는 있어도, 정신까지 구속할 수는 없다. 스스로를 통제하겠다는 마음만 먹으면, 아무도 그의 정신을 지배할 수 없다.

손해에서 이익을 창출하라

명백한 손해에서 이익을 창출해 낼 수 있다면 그는 매우 영리한 사람이다. 손해란 완전히 손해로 끝나는 법은 없다. 손해가 어디에서부터 출발했는지 앎다면 두 번 다시 손해 보는 일은 없을 것이며, 당신의 실패는 한 가지씩 줄어들게 된다.

현명한 사람은 손해 속에서 지혜와 지식을 얻어 내지만, 어리석은 사람은 마음의 상처를 입을 뿐이다.

현명한 사람은 손해 속에서 지혜와 지식을 얻어 내지만, 어리석은 사람은 마음의 상처를 입을 뿐이다.

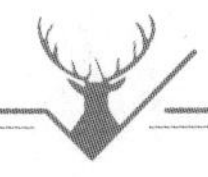

적은 돈보다 큰돈을 벌어라

진정으로 큰돈을 벌 작정이라면, 당신의 뇌리 속에 있는 자신감과 용기를 큰 그림으로 바꿔라. 당신은 땅바닥에 엎드려 하루 종일 구걸하는 대신, 잘 차려입은 근사한 모습으로 은행에 찾아가 당당하게 대출을 요구할 수 있다.

대신 당신은 스스로를 성공한 사람으로 여겨야 한다. 당신이 발산하는 매력 때문에 사람들은 더 많은 돈을 빌려줄 것이다. 이는 눈속임이 아니라 당신 내부에서 우러나오는 자신감의 효과다.

적은 돈을 버는 일이 오히려 어려울 수 있다. 그만큼 경쟁이 치열하기 때문이다. 하지만 큰돈을 버는 일은 경쟁자가 많지 않을 뿐더러, 자신의 능력을 발휘할 수 있는 좋은 기회가 된다. 문제는 당신이 어떤 목표를 설정했느냐에 달려 있다.

큰돈을 버는 일은 경쟁자가 많지 않을 뿐더러, 자신의 능력을 발휘할 수 있는 좋은 기회가 된다.

돈이 당신을 위해
일하게 하라

이 세상에 돈을 벌고 모으는 현명한 공식이란 존재하지 않는다. 가장 부자인 사람들조차도 돈을 버는 일정한 공식을 갖고 있지 않다.

그것이 돈의 신비로움이다.

돈은 노력의 대가라고 하지만, 주위를 둘러보라. 많은 노력으로 헌신한 사람들이 아직도 빈곤에 허덕이는 예는 얼마든지 있다.

돈은 돈 그 자체일 뿐, 그 이상으로 보아서는 안 된다. 돈은 여러 사람 사이를 떠돌아다닌다. 돈이 당신 손에 머무는 동안, 당신을 위해 일하고 공헌하게 만들라. 기회가 있을 때 소중한 친구들을 빈곤에서 구해 주라. 돈이 인생의 전부를 떠맡지 않도록 하라. 돈은 언제 떠날지 모르는 매우 변덕스러운 존재일 뿐이다.

돈이 당신 손에 머무는 동안, 당신을 위해 일하고 공헌하게 만들라. 돈은 언제 떠날지 모르는 매우 변덕스러운 존재일 뿐이다.

돈을 불러오는 것은 노력이다

많은 사람들이 세상에는 돈보다 더 가치 있는 것이 얼마든지 있다고 말한다. 그러나 실제로 돈이 조금만 더 있었으면 하고 바란다. 사실 돈은 세상을 살아가는 데 없어서는 안 된다.

그런데 백 명 중에서 아흔아홉 명은 돈을 움켜쥐려는 생각만 할 뿐, 돈을 얻기 위한 노력과 봉사에는 관심을 갖지 않는다. 들판에 자라난 곡식만 바라볼 뿐, 그 속에 농부의 땀과 피가 녹아 있다는 사실을 알지 못하는 것이다.

돈을 바라기 전에 땀 흘려 일하라. 노력하고 봉사하면 돈은 어느 순간 들어올 것이다. 단지 꿈꾸는 데만 그치면 돈을 쥘 수 있는 날은 멀어져 간다.

돈을 바라기 전에 땀 흘려 일하라. 그러면 돈은 어느 순간 들어올 것이다.

사람을 위해서는 돈을 아끼지 말라

돈의 최대 효용성은 사람을 구하는 데 있다. 하지만 요즘에는 많은 재물을 쌓아 두고도 위기에 처한 친구를 외면하는 일이 더 많다. 이는 은혜를 베풀면 반드시 보답을 받는다는 진리를 의심하기 때문이다.

만약 당신이 당신의 돈으로 위기에 처한 사람을 구할 수 있다면 그보다 값진 일은 없을 것이며, 당신은 돈을 최대한 올바로 사용한 보기 드문 현자가 될 것이다.

당신이 당신의 돈으로 위기에 처한 사람을 구할 수 있다면, 당신은 돈을 최대한 올바로 사용한 보기 드문 현자가 될 것이다.

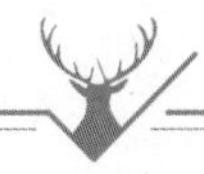

아이디어를 시련과 맞서게 하라

항상 변화에 대응할 수 있는 자세를 갖기 위해서는, 우선 자신의 의견이나 아이디어를 자주 시련과 맞서게 해야 한다. 스스로의 진보는 그런 용기에서 얻어진다. 비현실적이고 엉뚱한 아이디어라도 좋다. 독창적인 생각을 스스로 묵살하지 않는다면, 언젠가는 그 아이디어가 세상을 바꿀지도 모른다.

아무리 작고 하찮은 생각이라도 갈고 닦으면 성공이라는 큰 열매를 거둘 수 있다.

변화를 환영하는 마음가짐을 가져라. 그러기 위해서는 자신의 의견이나 아이디어를 자주 시련과 맞서게 해야 한다.

자기관리

기회는
사람들이 돌아보지 않는 곳에
존재한다

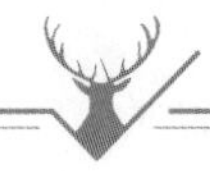

다재다능한 사람이 되어라

한 가지 일에 얽매이는 사람은 한정적인 교우 관계를 맺을 수밖에 없다. 반면 다재다능한 사람은 다방면의 사람들에게 호응을 얻는다. 한 가지 일에 정통하되 다른 분야에도 관심을 가져라.

이를 위해 두 가지 기준을 갖고 행동해 보자.

첫째는 업무 시간과 업무 외 시간을 확실히 구분해서 자신을 계발해야 한다. 또 한 가지는 다른 분야의 사람들과 다양한 교제를 맺으라는 것이다.

우리는 많은 능력을 갖고 있지만, 주어진 능력조차 제대로 알지 못한 채 무덤으로 향한다. 눈에 보이는 능력을 발휘하는 것은 누구나 할 수 있는 일이다. 우리의 목표는 눈에 보이는 능력 이상의 것을 계발하는 데 있고, 그렇게 해서 표출된 능력은 새로운 목표를 가능하게 만든다.

눈에 보이는 능력을 발휘하는 것은 누구나 할 수 있는 일이다. 우리의 목표는 눈에 보이는 능력 이상의 것을 계발하는 데 있다.

내적 충실을 도모하라

어릴 적, 위대하고 불가항력으로 보였던 부모님들이 어느 순간부터 연민의 대상으로 바뀌는 것은 우리의 내면이 그만큼 성장했음을 의미한다. 내적 성장에 힘을 쏟은 사람은 강한 상대를 만나도 자신감에 넘친다. 반대로 외적인 것에 너무 신경 쓴 나머지, 내면의 성장을 외면한 사람은 자신보다 왜소한 상대를 만나도 무너지게 된다.

내면의 성장을 외면한 사람은 자신보다 왜소한 상대를 만나도 무너지게 된다.

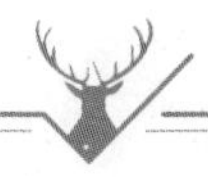

기쁨의 순간을 기억하라

우리는 친한 친구나 반가운 사람을 만났을 때 내면에서 일어나는 기쁨의 순간을 기억하고 있다. 그 기쁨의 에너지는 오랜 시간 우리를 황홀감 속에 머물게 한다.

우리는 모두 기쁨을 갈구하지만, 그 기쁨이 타인으로부터 전해져 오는 것이 아닌 우리의 내면에서 분출된다는 사실은 알지 못한다. 누군가를 만날 때 항상 기쁨의 순간을 기억하라. 그 기억을 강렬하게 지닐수록 당신의 내면에선 많은 기쁨이 솟아날 것이다.

누군가를 만날 때 항상 기쁨의 순간을 기억하라. 그 기억을 강렬하게 지닐수록 당신의 내면에선 많은 기쁨이 솟아날 것이다.

작은 친절에 익숙해져라

마음의 둑을 무너뜨리기 위해 강력한 다이너마이트를 장착할 수도 있지만, 작은 구멍을 뚫어 쉽게 무너뜨릴 수도 있다.

부하 직원들이 잘 따르는 한 간부에게 그 이유를 물었다.

"저는 별로 한 것이 없습니다. 누군가 상을 당하면 함께 밤을 새워 주었지요. 슬플 때는 누군가 옆에 있어 줘야 한다는 것이 저의 생각이었습니다. 가족이 아프면 쾌유를 비는 카드와 함께 꽃을 보내기도 하지요. 저는 부하 직원들의 생일이나 결혼기념일도 기억합니다. 단지 그뿐입니다. 특별한 것은 없습니다."

사람들은 자신을 위해 일해 주는 사람을 좋아한다. 그러나 그 일이 반드시 큰일이어야 감동을 받는 것은 아니다.

사람들은 자신을 위해 일해 주는 사람을 좋아한다. 그러나 그 일이 반드시 큰일이어야 감동을 받는 것은 아니다.

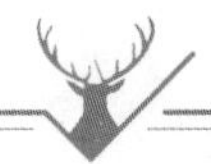

불리할 때는 미소 짓는 가면을 써라

상대가 적대적일 때 사람은 보통 자기 방어를 위한 가면을 쓴다. 엄격한 표정의 가면, 화난 표정의 가면, 비굴한 표정의 가면 따위가 그것이다.

이때 가장 효용 가치가 높은 가면은 바로 미소 짓는 가면이다. 자기 내부에 어떤 감정이 소용돌이치든 간에 미소는 이를 잘 감춰 준다. 웃는 얼굴에 침을 뱉을 사람은 없다.

가면을 쓰는 행위를 비열한 것으로 치부해서는 안 된다. 이 세상 어디서나 볼 수 있는 상냥한 태도, 존경하는 태도, 충성스러운 태도는 모두 원만한 대인관계를 위한 정의의 가면이다. 따라서 당신은 가정에서나 직장, 혹은 연인이나 친구 모두에게 기쁨을 줄 수 있는, 미소 짓는 가면을 즐겨 써야 한다.

가면을 쓰는 행위를 비열한 것으로 치부해서는 안 된다. 가정에서나 직장, 혹은 연인이나 친구 모두에게 기쁨을 줄 수 있는, 미소 짓는 가면을 즐겨 써야 한다.

먼저 줄 수 있는 존재가 되자

"나는 부끄러움을 타는 겁쟁이라서 다른 사람의 관심을 끌 수가 없다."

"아무도 내게 관심을 가져 주지 않는다."

"아무도 나하고 친해지려고 하지 않는다."

세상에는 이런 고민 아닌 고민을 하는 사람들이 많다.

하지만 대인관계를 이끌어 나가는 사람들은 남이 해줄 것을 기대하기보다는, 무언가를 먼저 해주려는 마음을 갖고 있다. 진흙탕에 빠진 친구를 구하려면 자신의 몸에 진흙이 묻는 것을 감수해야 한다.

진흙탕에 빠진 친구를 구하려면 자신의 몸에 진흙이 묻는 것을 감수해야 한다.

내적 자신감이 미래를 결정한다

세상을 살아가기 위해서는 무엇보다 자신감을 가져야 한다. 당신은 스스로를 이미 성공의 반열에 든 사람으로 여겨야 한다. 이러한 내적 자신감은 예언의 형태를 띠어 효과적인 행동을 유발하기 때문이다. 내적으로 위축되어 있는 사람은 그 위축감이 고스란히 표출되어 무능력자로 비춰지기 쉽다.

외적 이미지를 가꾸는 것도 중요하지만, 어떻게 마음먹느냐에 따라 확연한 차이를 보이게 되는 것이다.

내적 자신감은 예언의 형태를 띠어 효과적인 행동을 유발한다.

첫인상을 흐리게 하지 말라

첫인상을 흐리게 하는 요소는 다음과 같다.

첫째, 표정이 밝지 못한 사람, 교활해 보이는 사람

둘째, 단정하지 못하거나, 유행에 뒤떨어지거나, 개성이 지나친 옷차림을 한 사람

셋째, 직업과 직책에 어울리지 않는 행동을 하는 사람

넷째, 어느 장소에서나 어울리지 못하고 구석으로만 돌려는 사람

다섯째, 자기가 중심이 되지 못하면 참지 못하는 사람

여섯째, 자신의 우월감을 남에게 강요하거나, 칭찬을 바라고 자기선전에 여념이 없는 사람

일곱째, 냉정하거나 무뚝뚝하여 쉽게 다가갈 수 없는 사람

여덟째, 천박한 행동과 실없이 웃음을 남발하는 사람

첫인상이 좋지 않으면 상대방의 호감을 살 수 없다. 첫인상이 좋아 보이도록 노력하는 것도 대인관계를 위해 중요하다.

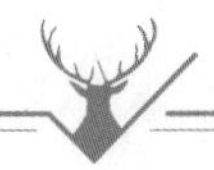

도망치지 말고 도전하라

세상을 살아가다 보면 자주 난관에 부딪치게 된다. 그럴 때 우리가 선택할 수 있는 방법은 두 가지다. 난관을 헤치고 나아가든지, 아니면 그로부터 멀리 도망치는 일이다.

그러나 잘 생각해 보자. 골치 아픈 문제란 도망친다고 해결되는 것이 아니다. 오히려 곪은 상처처럼 악화될 뿐이다.

골치 아픈 문제란 도망친다고 해결되는 것이 아니다. 오히려 곪은 상처처럼 악화될 뿐이다.

정직함으로
유혹하라

전과 10범의 강도가 가장 두려워하면서도 존경하는 사람은 누구일까? 자기보다 더 흉측한 전과 11범의 강도가 아니다. 바로 철창 밖에서 거리를 활보하는 정직한 사람이다.

우리들이 정직한 사람을 좋아하는 것은 누구나 정직하지 못한 결점을 갖고 있기 때문이다. 마음속에 품은 정직은 그대로 상대방에게 전달된다. 정직은 편의에 따라 발휘되는 그런 종류의 것이 아니다. 개중에는 정직하기 때문에 오히려 많은 손해를 감수해야 하는 경우도 생기지만, 그것은 좋은 기회다. 그때야말로 진정한 의미의 정직을 실천할 수 있기 때문이다.

정직은 어떤 것이든 간에 상대방의 존경을 얻어 낼 수 있는 성품이다.

정직하기 때문에 오히려 많은 손해를 감수해야 하는 경우도 생긴다. 하지만 그것은 좋은 기회다. 그때야말로 진정한 의미의 정직을 실천할 수 있기 때문이다.

훌륭한 인물을 모방하라

현재보다 한 단계 성숙한 모습을 보이고 싶다면 다음과 같은 방법이 있다. 바로 훌륭한 인물을 우상으로 정하고, 그 사람의 모든 것을 따라 하려고 노력하는 것이다.

그 인물들은 반드시 배울 만한 가치가 있는 사람이어야 한다. 어떤 사람에게서는 예절을, 어떤 사람에게서는 말투를, 어떤 사람에게서는 행동을, 어떤 사람에게서는 신념을 배울 수 있을 것이다. 그리고 그들을 닮으려고 노력하는 사이, 어느덧 몰라보게 성장한 자신을 발견할 수 있을 것이다.

훌륭한 인물을 우상으로 정하고, 그 사람의 모든 것을 따라 하라. 이때 그 인물들은 반드시 배울 만한 가치가 있는 사람이어야 한다.

자신을 하찮게 여기면 재능은 사라진다

우리는 미처 발견하지 못한 특별한 재능을 지니고 있다. 하지만 우리는 눈뜬장님과 같아서 종종 삶의 과정에서 나타나는 소중한 재능들을 흘려보내고 만다.

삶에 안주하는 사람들은 노력도 하지 않은 채 스스로를 미약한 존재로 남겨 두려 한다. 자신을 무시하지 말고 소중히 대하라. 아주 하찮은 재능이라도 소중히 갈고 닦으면, 반짝이는 보석이 될 수 있다. 중요한 것은 당신이 스스로의 재능을 하찮게 여기는 한, 언제까지나 잊혀진 존재로 지내게 된다는 사실이다.

아주 하찮은 재능이라도 소중히 갈고 닦으면, 반짝이는 보석이 될 수 있다.

올바른 화술을 구사하라

항상 큰 목소리만이 상대방을 굴복시킬 수 있는 것은 아니다. 오히려 부드럽고 작은 목소리가 더 큰 힘을 발휘한다.

말의 속도가 갖는 중요성을 인식하라. 말의 속도가 빠르면 긴급하거나 극적인 효과를 더해 주고, 말하는 사람이 무언가 열망하는 것이 있음을 뜻한다. 하지만 너무 빠르면 듣는 사람이 조급해지고 산만해진다. 느리게 하는 말에는 신중함과 무게가 느껴진다. 그러나 이것도 너무 느려지면 자신 없어 보이고, 듣는 사람을 지루하게 만든다.

이처럼 말을 잘하기 위해서는 말의 장단과 고저에도 신경을 써야 한다.

항상 큰 목소리만이 상대방을 굴복시킬 수 있는 것은 아니다. 오히려 부드럽고 작은 목소리가 더 큰 힘을 발휘한다.

혀는
훈련할 수 있다

혀는 눈, 귀와는 다르다. 눈이나 귀는 그 특성상 우리가 원하는 것만 보고 들을 수는 없다.

하지만 혀는 우리의 의지에 따라 작동과 멈춤을 조정할 수 있다. 사람들은 술을 많이 마시거나 음식을 많이 먹는 것은 주의하지만, 말을 많이 하는 것에 대해서는 별다른 주의를 기울이지 않는다.

혀가 당신을 조정하게 만들어서는 안 된다. 혀의 주인은 당신이며, 당신에게는 혀를 조정하여 말실수를 줄일 의무가 있다.

혀가 당신을 조정하게 만들어서는 안 된다. 혀의 주인은 당신이며, 당신에게는 혀를 조정하여 말실수를 줄일 의무가 있다.

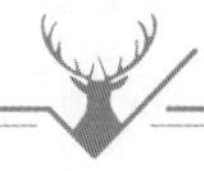

에너지의 가계부를 작성하라

당신의 하루가 몹시 버겁고 힘들다면, 귀중한 에너지를 분명 잘못 사용했기 때문이다.

이럴 때는 다음과 같은 처방이 필요하다.

미워하는 에너지를 용서의 에너지로 바꾼다.

부정적인 에너지를 긍정적인 에너지로 바꾼다.

말하는 에너지를 경청하는 에너지로 바꾼다.

그런 다음 에너지의 가계부를 작성하고, 어떤 이익이 발생하는지 적어 본다. 만약 하루를 보내고도 여전히 활력이 남아 있다면, 위의 방법이 대성공을 거둔 것이다. 그리고 당신은 그 이익이 얼마나 큰 것인지 알리는 데 힘써야 한다.

당신의 하루가 몹시 버겁고 힘들다면, 귀중한 에너지를 분명 잘못 사용했기 때문이다.

불필요한 에너지를 건설적인 에너지로 바꿔라

하루 세 끼 식사를 하면서 얻은 에너지 가운데 올바르게 사용한 에너지는 과연 몇 퍼센트나 될까?

우리는 흔히 돈을 낭비하는 것은 아까워하면서도 시간과 에너지를 낭비하는 것은 대수롭지 않게 생각한다.

그중에서 가장 불필요한 것은 쓸데없이 주절거리는 에너지와 남을 미워하는 에너지이다. 이런 무의미한 에너지를 잘 활용한다면, 당신은 더 가치 있는 많은 것을 얻게 될 것이다.

쓸데없이 주절거리는 에너지와 남을 미워하는 무의미한 에너지를 잘 활용한다면, 당신은 더 가치 있는 많은 것을 획득하게 될 것이다

눈과 귀와 혀를 즐겁게 하는 것은 피하라

쾌락은 깊고 지속적인 만족이나 충족감을 주지 못한다. 쾌락만을 추구하는 사람들은 모든 것에 빨리 싫증을 느끼기 때문에 끊임없이 더 강한 쾌락을 갈구한다. 따라서 다음번의 쾌락은 반드시 더 즐겁고, 더 좋으며 더 자극적이어야 한다. 그렇게 영원히 쾌락의 노예가 되는 것이다.

아첨도 쾌락의 한 종류라고 할 수 있다.

"우리를 파멸로 몰아가는 것 가운데 가장 경계해야 할 쾌락은 귀를 즐겁게 하는 아첨이다. 이 함정에 빠지면 도저히 헤어날 수 없다."

쾌락만을 추구하는 사람들은 모든 것에 빨리 싫증을 느끼기 때문에 끊임없이 더 강한 쾌락을 갈구한다.

자만은 비웃음을 사는 일이다

어떤 일을 성공리에 마치고 나면 반드시 파도처럼 밀려드는 쾌감이 있다. 그럴 때 당신은 거울 속의 당신을 향해 좀 더 엄격해질 필요가 있다.

"이 일의 성공은 다른 사람들의 도움이 있었기에 가능했다."

그러나 당신은 이렇게 말할지도 모른다.

"나는 완벽하고, 다른 사람보다 훌륭하다."

하지만 그 순간 당신의 성취감은 반감되고, 귓가에는 다른 사람들의 비웃음이 들려오게 될 것이다.

어떤 일을 성공리에 마치고 나면 당신은 거울 속의 당신을 향해 좀 더 엄격해질 필요가 있다.

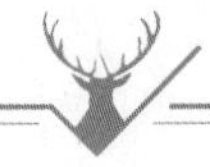

오락에 열중하는 것은 패배하는 것이다

각종 오락, 늦잠, 낮술, 유치한 대화 그리고 우매한 자들의 모임에는 참석하지 말라. 무의미한 자리에 끼어드는 것은 귀중한 시간을 낭비하는 것과 같다. 그런 사람은 타인의 눈에 무능력한 인간으로 보이기 십상이다.

일보다 오락에 더 열중하는 사람들은 경계해야 한다. 오락에 빠져드는 것은, 일과 싸우다가 마침내 패배했다는 것을 스스로 증명하는 셈이다. 그런 사람들은 오락을 피난처로 삼고 있다.

오락이란 생활에 변화를 주며 긴장을 풀어 주는 데 진정한 가치가 있다. 현명한 사람은 일에 대한 흥미를 새롭게 하려는 의도에서 오락을 이용할 뿐이다.

오락에 빠져드는 것은, 일과 싸우다가 마침내 패배했다는 것을 스스로 증명하는 셈이다.

용기란 의외의 경우에도 발휘되어야 한다

용기란 때로 의외의 경우에도 발휘되어야 한다. 충고할 겨를이 없거나 바른 길로 인도할 설득력이 부족할 때, 그리고 인륜에 벗어나는 커다란 범죄가 아니라는 판단이 선다면, 친구와 함께할 용기를 발휘해야 한다.

친구를 바른 길로 인도할 수 없을 경우, 함께해 줄 용기를 발휘하라.

일을 했으면 대가를 얻어 내라

당신이 무언가 가지려고 할 때에는, 남에게 돌아갈 것을 가로채는 것이라고 생각해야 한다. 그러므로 무슨 물건이든 수중에 들어왔을 때는 그것이 정말 필요한 것인지 아닌지를 깊이 생각하고, 불필요한 낭비를 줄여 나가야 한다.

피땀 흘려 수고한 대가로 무언가를 얻으려는 행위는 분명 가치 있는 일이다. 또한 그것을 없는 자와 나누려는 생각은, 더 가치 있고 정직한 일이다.

피땀 흘려 수고한 대가로 무언가를 얻으려는 행위는 분명 가치 있는 일이다.

내면의 소리를 들어 보라

사람들은 종종 자신의 잘못된 인생이 신의 책임이라고 주장한다. 신이 인생의 안내 책자를 가져다주지 않았기 때문이라고 믿는 것이다.

그러나 자신의 내면에 울리는 신의 소리를 들어 보라. 우리가 어떤 일을 할 때마다 신은 우리 마음속에서 끊임없이 속삭이고 있었다는 것을 알 수 있을 것이다.

"이 길로 가지 말라."

그러나 우리 스스로 그 충고를 무시하고, 곧잘 다른 길로 걸어왔음을 알게 될 것이다.

자신의 내면에 울리는 신의 소리를 들어 보라. 우리 스스로 그 충고를 무시하고, 곧잘 다른 길로 걸어왔음을 알게 될 것이다.

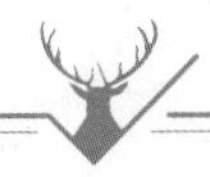

육체를 소중히 여겨라

아무리 고귀한 이상도 그것을 담을 그릇이 필요하다. 아무리 현명한 지혜라도 행동으로 옮길 팔다리가 없으면 쓸모없는 장신구에 불과하다.

성공하기 위해서는 왕성하게 활동할 수 있도록 건강에 신경 써야 한다. 건강한 신체에 강인한 정신이 뒤따른다는 사실을 잊지 말자. 육체가 없으면 아무것도 이룰 수 없음을 기억하고, 우리의 몸을 사랑해야 한다.

성공하기 위해서는 왕성하게 활동할 수 있도록 건강에 신경 써야 한다. 육체가 없으면 아무것도 이룰 수 없다.

발톱을 빌려주지 말라

"그 문제라면 아무개가 전문가이니 그리 가 보시오."

"그 문제라면 아무개에게 일임했으니 그 사람과 상의해 보시오."

분명히 자신이 처리할 수 있음에도 불구하고 남에게 떠넘기는 것은 자신의 발톱을 타인에게 양도하는 것과 같다. 당신은 겸손한 사람일지 몰라도 진정한 실력자는 아니다.

발톱을 잃은 맹수에게는 자신의 영역을 경쟁자에게 넘겨주고 쓸쓸히 퇴장하는 일만 남게 된다.

분명히 자신이 처리할 수 있음에도 불구하고 남에게 떠넘기는 것은 자신의 발톱을 타인에게 양도하는 것과 같다.

자유롭게 자신을 풀어 주어라

우리는 다른 사람들이 자신을 어떻게 생각하고 있을지에 대해 지나치게 신경을 쓴다. 물론 다른 사람들의 의견과 비판을 받아들이지 못하면 자신만의 개성적인 이미지를 창조해 낼 수 없다. 하지만 자신의 목표를 달성하는 것은 스스로의 문제이지, 타인의 의지가 아니다.

타인의 편견이라는 제약을 거부하고, 보다 자유롭게 자신을 풀어 줘야 한다. 스스로의 결정에 자신감을 갖고 책임감 있게 행동하는 사람만이 성공의 계단에 발을 들여놓을 수 있다.

자신의 목표를 달성하는 것은 스스로의 문제이지, 타인의 의지가 아니다. 보다 자유롭게 자신을 풀어 줘야 한다.

놀 때는 열심히 논다

무엇이든 열심히 하는 사람은 어디에서든 빛을 발하기 마련이다. 노는 시간도 예외는 아니다. 더 열심히 일하기 위해서 즐겁게 놀아야 한다. 내일을 위해서 충분한 휴식을 취하는 것이다.

노는 것과 쉬는 것을 잘하지 못하는 사람은 일에서도 최선을 다하지 않는다. 분명히 알아 두어야 할 것은 놀고 있는 동안은 일을 아예 잊어버려야 한다는 것이다.

무엇이든 열심히 하는 사람은 어디에서든 빛을 발하기 마련이다.

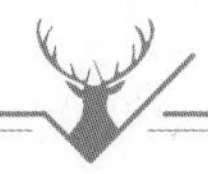

결과로써 증명하라

누군가 당신이 쌓아 올린 성과를 파괴하려 든다면 이렇게 생각하라.

"나는 그들보다 훨씬 더 많은 장점을 지니고 있다. 그들을 용서할 수 있는 힘도 갖고 있다. 미움과 시기와 질투를 받지 않고서는 높은 경지에 도달하지 못한다."

그 다음에는 복수를 위해 소중한 시간과 에너지를 소비하지 않아야 한다. 그리고 맡겨진 과제를 해결하는 데 최선을 다해 그 바람직한 결과를 보여 주는 것이다.

당신의 행동이 정당하다면, 구태여 설명할 필요는 없다. 단지 행동으로 보여 주면 그만인 것이다.

당신의 행동이 정당하다면, 구태여 설명하기 위해 애쓸 필요는 없다.

인내로써 인내하라

사람을 진정으로 위대하게 만드는 것은 견딜 수 없는 것을 견디고, 참을 수 없는 상황을 참아 내는 것이다. 참다운 인간과 가식적인 인간은 역경을 함께할 때 구별된다. 보다 큰 목표로 자신을 무장한 사람은 작은 역경 정도는 즐겁게 극복할 줄 안다. 그런 사람들은 자신의 한계를 극복하기 위해 수없이 많은 역경들과 담대히 맞설 줄 알기 때문이다.

보다 큰 목표로 자신을 무장한 사람은 작은 역경 정도는 즐겁게 극복할 줄 안다.

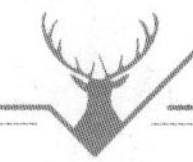

유머 감각은 연습으로 계발할 수 있다

미혼 여성을 대상으로 한 설문 조사에서, 신랑감이 갖춰야 할 요건 가운데 상위를 차지한 것이 바로 유머 감각이다. 유머는 사람을 가볍게 만드는 우스갯소리와는 구별된다. 우리나라 사람들은 일반적으로 유머 감각이 없기로 유명하다. 경박해 보인다는 이유로 오랜 세월 경원되었던 탓이다.

유머 감각은 타고나기도 하지만, 노력에 따라 충분히 계발이 가능하다. 대화를 할 때 어떤 요소가 남을 즐겁게 하는지 꾸준히 관찰하고 머릿속에 저장해 놓으며, 또 직접 말해 보는 연습을 반복한다면 유머 감각은 저절로 늘게 된다.

유머는 때로 적의 예리한 칼날도 거두게 하는 훌륭한 무기가 될 수 있다.

대화를 할 때 어떤 요소가 남을 즐겁게 하는지 꾸준히 관찰하고 머릿속에 저장해 놓으며, 또 직접 말해 보는 연습을 반복한다면 유머 감각은 저절로 늘게 된다.

적극성을 과장하라

자신이 다른 사람에 비해 지나치게 소극적이라고 낙담할 필요는 없다. 이 세상에서 자기 자신에 대해 확고한 자신감을 갖고 있는 사람은, 아무것도 모르는 바보와 모든 것을 이해하는 성자밖에 없다. 사람들의 활기찬 행동, 상냥한 말투, 끓어 넘치는 자신감 등은 일정 부분 과정된 것임에 틀림없다.

당신도 그들처럼 적극성을 과장할 필요가 있다. 과장의 시간이 길어질수록, 당신의 소극성은 어느 순간 진정한 자신감으로 바뀌어 있을 것이다.

적극성을 과장할수록 당신의 소극성은 어느 순간 진정한 자신감으로 바뀔 수 있다.

내면의 아름다움을 키워라

당신의 첫인상이 좋다는 것은 분명 그렇지 않은 사람에 비해 유리한 고지를 점령한 것과 같다. 하지만 당신의 내면이 화려한 외모를 따라가지 못한다면, 상대방이 느끼는 환멸은 당신이 점령한 고지를 초토화시키고도 남을 것이다. 외적인 행동에 맞추어 내적인 성숙을 기할 수 없다면, 차라리 외적인 수준을 낮추어 사람들의 실망감을 덜어 주는 것이 현명하다.

잠깐 동안의 만남이라면 모를까, 생명이 긴 대인관계는 외적인 모습보다 그 사람의 내면에 의존하기 마련이다. 화려한 치장과 임기응변으로는 상대방의 마음을 한 치도 빼앗아 올 수 없다. 외적인 면에 치중하는 사람일수록 자신의 정체가 드러날까 무서워한다.

생명이 긴 대인관계는 외적인 모습보다 그 사람의 내면에 의존한다. 화려한 치장과 임기응변으로는 상대방의 마음을 한 치도 빼앗아 올 수 없다.

공포심을 유용하게 사용하라

공포심이 반드시 파괴적인 것만은 아니다. 한번 생각해 보라. 만일 당신이 공포를 경험해 본 적이 없다면, 그것은 능력의 한계 밖으로 자신을 내밀어 본 적이 단 한 번도 없다는 것을 뜻한다. 그것은 너무도 안전하게 살아온 보잘것없는 삶을 반증하는 것이다.

신은 우리 가슴속에 공포심을 안겨 주었다. 그것은 우리를 파멸로 인도하기 위해서라기보다는 우리 자신을 보호하고 망상을 깨우쳐 주기 위함이다. 더 많은 공포심과 맞서 싸울 때마다, 우리의 의지를 더욱 굳게 하려는 신의 담금질인 것이다.

공포를 경험해 본 적이 없다는 것은, 너무도 안전하게 살아온 보잘것없는 삶을 반증하는 것이다.

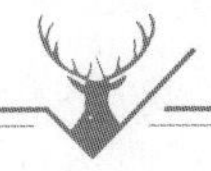

불안감은 현실로 이루어지지 않는다

불안감이 당신을 엄습하거든 그동안의 경험을 되살려 보라.

"지금까지 살아오는 동안 불안감으로 많은 고민을 했지만, 그 고민의 대부분은 현실에서 일어나지 않았다."

불안에 대해 고민하면 할수록 불안은 당신의 마음속에 주인처럼 행세할 것이다. 그러나 무시하고 푸대접하면 초대받지 못한 불청객처럼 저절로 자취를 감춘다.

불안은 무시하고 푸대접하면 초대받지 못한 불청객처럼 저절로 자취를 감춘다.

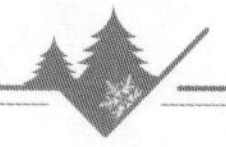

폭넓은 시선으로 실패를 이해하라

최선을 다했음에도 불구하고 실패했다면, 절망할 필요는 없다. 당신보다 더 악한 자가 성공했다 하더라도 시기할 필요는 없다. 이 또한 신의 작업이며 세상을 움직여 나가기 위한 하나의 방편이라고 생각하라.

당신은 정원에 있는 높은 가지의 잎사귀 하나도 마음대로 떨어뜨리지 못하며, 무심코 발밑에 밟히는 개미의 생명도 구해 낼 수 없다. 이처럼 당신은 미미한 존재일 뿐이다.

신은 당신의 편리를 위해 애초에 가졌던 계획을 수정하지 않으며, 또 설명하지 않는다. 신은 당신의 작은 관심사보다 월등히 더 큰 일을 위해, 당신을 실패하게 했음이 분명하다. 그러므로 실패에 얽매여 마음 상해 하기보다는, 신의 작업에 대한 폭넓은 시야를 가지고 자신의 실패에 당당할 수 있어야 한다.

실패에 얽매여 마음 상해 하기보다는, 신의 작업에 대한 폭넓은 시야를 가지고 자신의 실패에 당당할 수 있어야 한다.

소중한 경험은 자신을 지키는 보호자가 된다

당신은 때가 되면 자신의 임무가 무엇인지 점검해야 한다. 당신이 지금 하고 있는 일과 장차 하고자 하는 일은 우연히 주어진 것이 아니다.

임무를 벗어나려고 발버둥치기보다는 맡은 일에 최선을 다하라. 임무에 충실한 행위는 설사 당신이 다른 일을 맡게 되더라도 당신의 보호자가 되며, 구원자가 되어 줄 것이다. 또한 각 단계마다 당신이 기대한 이상의 결실을 안겨 줄 것이다.

임무에 충실한 행위는 설사 당신이 다른 일을 맡게 되더라도 당신의 보호자가 되며, 구원자가 되어 줄 것이다.

하찮은 일에서 교훈을 얻어라

자신이 하는 일이 작고 하찮은 일이라고 푸념하지 말라. 아무리 간단하고 쉬운 업무라 할지라도 한 가지 이상의 배울 점은 반드시 있기 마련이다. 어느 날 당신이 보다 가치 있는 어떤 일을 찾았을 때, 바로 그 배울 점이 자신을 밀어 올리는 데 중요한 원동력이었음을 깨닫게 될 것이다.

아무리 간단하고 쉬운 업무라 할지라도 한 가지 이상의 배울 점은 반드시 있기 마련이다.

단점을 극복함으로써 아름다워진다

만일 당신이 누군가로부터 게으름뱅이라는 소리를 들었다고 하자. 당신이 취할 행동은 먼저 정말로 자신이 게으름뱅이인지 확인하는 것이다. 남의 판단에 따라 죄의식과 수치, 자책의 무거운 짐을 부과할 필요는 없다.

그리고 만약 타인의 평판이 사실이라면, 당신은 온 힘을 기울여 단점을 개선해야 한다. 단점은 당신에게 부여된 선물이며, 그것을 극복해야만 보다 아름다운 모습으로 설 수 있게 된다.

단점은 당신에게 부여된 선물이며, 그것을 극복해야만 보다 아름다운 모습으로 설 수 있게 된다.

호인은 좋은 뜻이 아니다

정에 약한 사람은 모든 사람에게 잘 대해 주려고 한다. 그런 사람은 누구나 신용하여, 이 세상에 악인은 단 한 명도 없다고 믿는다. 상대가 실수를 해도 눈감아 줄 뿐이다. 응당한 징계를 할 때에도 미루고 미루다가 때를 놓치고 만다. 나무람보다는 칭찬을 늘어놓아 사람들로 하여금 칭찬의 진정한 의미를 깨닫지 못하게 한다. 규율은 깨지고 조직의 단결심도 사라져 버린다.

만약 당신이 이런 사람이 되고 싶다면, 사람들로부터 '호인'이라는 경멸의 소리를 들을 각오를 해야 한다.

정에 약한 사람은 사람들로부터 '호인'이라는 경멸의 소리를 들을 각오를 해야 한다.

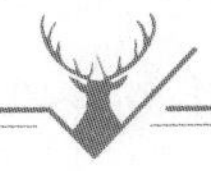

변명 대신 개선에 힘써라

많은 사람들이 자신의 약점을 감추기 위해 필요 이상의 에너지를 낭비한다. 또 자신의 약점이 드러났을 때도 변명하는 일에 혈안이 된다. 모두 다 바보 같은 짓이다.

그런 일에 쓸 시간이 있다면, 약점을 개선하는 데 더 많은 노력과 힘을 쏟아야 한다. 그렇게 되면 구차한 변명 따위는 필요 없게 된다.

변명하는 일에 쓸 시간이 있다면, 약점을 개선하는 데 더 많은 노력과 힘을 쏟아라.

미움의 대상을 바꿔라

우리들이 타인을 미워하면서 신에게 용서를 구하거나, 신만을 사랑하겠다고 다짐하는 것은 모순이다.

누군가를 미워하고 있다면 그 대상을 바꾸어 보라. 이를테면 지루한 생활, 보기 싫은 친구, 거북한 상사는 모두 미움의 대상이다. 그들에게 향하는 미움을 신에게로 옮겨 보라. 그렇게 되면 훨씬 많은 득을 볼 수 있을 것이다. 우선 당신의 적이 이 세상에서 모습을 감출 것이고, 또 잠자는 신의 관심을 불러오는 데 성공할 것이다.

신이 노여움을 품을 거라고 생각하지 말라. 신은 그 존재를 무시당했을 때만 참을 수 없는 분노를 나타낸다. 당신이 관심을 나타냈을 때 신은 당신이 품은 미움을 사랑으로 정제할 것이다.

누군가를 미워하고 있다면 그 대상을 바꾸어 보라. 그렇게 되면 훨씬 많은 득을 볼 수 있을 것이다.

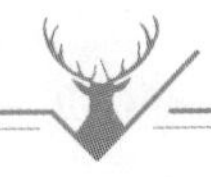

유유상종의 법칙을 유념하라

당신이 가진 감정은 텔레파시처럼 상대방에게 전송된다. 따라서 항상 건전하고 적극적인 마음을 유지해야 한다. 처음 사람을 만났을 때 이런 건전한 마음을 전하지 못하면, 그 이후에 신뢰감을 얻기란 매우 어렵다.

산뜻하고 비싼 옷으로 치장한다고 해도 결과는 마찬가지다. 사람의 마음속에 들어 있는 탐욕, 질투, 증오, 이기심 등은 그대로 전달되기 마련이다. 설사 사람을 사귀더라도 당신과 비슷한 종류의 사람만을 만나게 된다.

모든 사물은 같은 것을 끌어당긴다는 점을 명심하라. 당신을 끌어당기는 사람은 당신의 내부와 많이 닮아 있다. 따라서 당신의 내면을 황량하게 방치하는 한, 당신도 그런 사람들과 교유할 수밖에 없을 것이다.

당신은 당신의 내부와 닮은 사람에게 끌리기 마련이다. 당신의 내면을 황량하게 방치하는 한, 당신도 그런 사람들과 교유할 수밖에 없다.

대중의 인기에 취하지 말라

사내의 동료들 간에 혹은 친구들 간에 인기가 있다고 해서, 모든 사람들에게 동일한 인기를 누릴 것이라는 속단은 금물이다. 대중적 인기란 원래 가변적인 것이다. 오늘 열광하다가도, 당신의 단 한 번 실수 때문에 등을 돌릴 수 있다.

대중의 열광을 오래도록 유지할 수 있게 하는 것은, 오직 진실한 겸손뿐이다.

오직 진실한 겸손만이 당신의 인기를 유지시켜 준다.

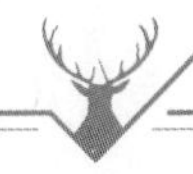

당신의 등 뒤에 실력자가 있다

어설프게 아는 사람일수록 아는 체를 잘한다. 해박하다는 인상을 주기 위해 남의 의견 따위는 들으려고도 하지 않으며, 조금 알고 있는 것도 과장하여 떠벌린다. 이런 사람들은 다른 사람의 존경을 받기는커녕 그나마 가지고 있던 아이디어마저 도난당하기 일쑤다.

상대를 언제나 자신보다 지혜가 많은 사람으로 인식하라. 그런 사람 앞에서 잘난 체하는 것은 자신의 한계와 무지를 그대로 폭로하는 것과 다름없다. 참된 지식은 겸손과 침묵을 통해서 저절로 드러난다는 것을 명심하자. 아는 것을 말하기 전에, 먼저 행동으로 나타내는 것이 중요하다.

참된 지식은 겸손과 침묵을 통해서 저절로 드러난다. 아는 것을 말하기 전에, 먼저 행동으로 나타내는 것이 중요하다.

보수보다
더 많은 일을 하라

보수보다 더 많은 일을 하는 것은 자신의 특권이다. 그러면 당신은 행복을 얻을 것이고, 더 많은 혜택을 누리게 될 것이다. 보수만큼만 일하는 사람에 대해서는 어떤 호의적인 평가도 나올 수 없다. 그러나 기꺼이 더 많은 일을 하는 사람에게는, 모든 사람의 호의적인 관심이 집중되어 어느덧 명성도 얻게 된다.

보수를 받지 않고 매일 한 시간씩 추가로 일함으로써 얻는 이익이, 보수를 받으면서 의무적으로 일하는 근무 시간 전체의 이익보다 훨씬 크다는 사실을 알아야 한다.

보수보다 더 많은 일을 하면 당신은 행복을 얻을 것이고, 더 많은 혜택을 누리게 될 것이다.

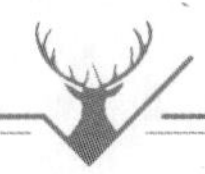

양보로
상대를 끌어들여라

완강한 상대를 만났다면 후퇴함으로써, 당신 쪽으로 전진해 오도록 만들어야 한다. 너무 세게 밀어 상대방이 후퇴하게 해서는 안 된다. 오히려 당신이 원하는 곳까지 교묘히 그를 연행하고 유도하는 것이다.

가장 효과적인 방법은 우선, 우호적인 자세로 자신의 힘을 빌려주는 것이고, 다음으로는 말을 자제하고 친절한 태도를 취하는 것이다.

완강한 상대를 만났다면 후퇴함으로써, 당신 쪽으로 전진해 오도록 만들어야 한다.

비판에서 자유로울 수 있는 사람은 없다

비판에서 완전히 자유로울 수 있는 사람은 아무도 없다. 아무리 옳은 일을 해도 비판하는 사람이 한 명쯤은 있기 마련이다.

비판에서 자유로울 수 없다면 비판을 무시하는 것이 최상의 방법이다. 누군가 당신을 비판하려 한다면 그냥 웃어 주어라. 그것이 이기는 방법이다.

누군가 당신을 비판하려 한다면 그냥 웃어 주어라. 그것이 이기는 방법이다.

똑바른 자세를 가져라

비전과 희망을 품은 사람은 눈에 띄기 마련이다. 그들의 자세는 곧고, 걸음걸이는 당당하다. 사람의 능력은 건강한 육체가 뒷받침될 때 최대한 발휘되기 때문이다.

어깨를 펴고 호흡을 깊게 해보자. 생동감이 넘치고 밝은 기분을 느낄 것이다. 정신도 맑아지고, 기분도 새로워진다. 허리를 곧추세우고 키를 높여 보라. 당당하게 행동하고 싶은 의욕이 솟아날 것이다.

비전과 희망을 품은 사람은 눈에 띄기 마련이다. 그들의 자세는 곧고, 걸음걸이는 당당하다.

나무를 보지 말고 숲을 보아야 한다

극단론자들은 항상 공격적으로 행동한다. 다양성의 효능을 망각하는 사람들이 대체로 이런 성향을 지니는데, 집단 내에서 독재자로 군림할 경우가 많다. 항상 엄격한 도덕성을 요구하고, 선과 악의 구별을 분명히 하여 흑과 백, 이분법으로만 세상을 바라본다. 그런 사람들에게는 흑백, 어느 한쪽이 아닌 회색형 인간은 경멸의 대상이 된다.

인간관계에서는 숲속의 나무를 관찰하는 정밀함도 중요하지만, 숲을 보는 거시적인 안목과 전체를 균형 있게 파악하려는 노력이 필요하다.

있을 수 있는 모든 견해의 차이와 대안 간의 미묘한 상관관계를 충분히 이해하라. 그래야만 비로소 어떤 사람과 한편이 될지, 혹은 적이 되어 싸워야 할지 알게 된다.

인간관계에서는 숲속의 나무를 관찰하는 정밀함도 중요하지만, 숲을 보는 거시적인 안목과 전체를 균형 있게 파악하려는 노력이 필요하다.

약점을 함부로 보여서는 안 된다

솔직해지는 것과 자신의 약점을 함부로 드러내는 것을 혼동하지 말라. 남의 약점을 눈감아 준다고 해서 당신의 약점도 이해받을 거라고 기대해서는 안 된다. 그것은 전혀 다른 차원의 문제이다.

우매한 삼손처럼 자신의 약점을 그대로 밝혀서는 안 된다. 당신의 가장 친한 친구들도 그 약점 때문에 떠나가거나 그 약점을 이용하려는 유혹을 품을 수 있기 때문이다. 가장 우호적인 사람들도 약자와는 함께하려 하지 않는다. 경쟁자들 역시 당신의 약점을 발견했다는 사실만으로도 환호할 것이다. 그들이 당신의 약점을 즐기며 행복해 하도록 만들어서는 안 된다.

남의 약점을 눈감아 준다고 해서 당신의 약점도 이해받을 거라고 기대해서는 안 된다. 그것은 전혀 다른 차원의 문제이다.

진실과 신의를 중시한다

사람들의 협력을 얻어내기 위해서는, 우선 다른 사람들에게 봉사하는 것을 원칙으로 삼아야 한다.

거짓말은 당장에는 많은 이윤을 남기지만, 머지않아 가장 가혹한 세금이 부과된다. 반면 정직은 당장의 이익은 충분치 못하고 때로 손해도 가져오지만, 언젠가는 큰 이익을 몰고 온다. 정직은 정직을 낳고, 서로를 아주 편안한 기반 위에 세워 놓으며, 어려운 사업을 풀어 나갈 수 있는 우정을 만든다.

진실하고 관대하게 대하라. 그러면 사람들도 당신에게 호의를 베풀면서 관대해질 것이다.

정직은 당장의 이익은 충분치 못하고 때로 손해도 가져오지만, 언젠가는 큰 이익을 몰고 온다.

과소평가하면 실패한다

많은 사람들이 대인관계에서 실패하는 이유는 편견과 증오심으로 그들의 적이나 경쟁자들을 과소평가하기 때문이다. 사람을 대할 때는 편견과 질투의 환상을 보는 것이 아니라, 현실을 봐야 한다. 상대의 단점뿐 아니라 장점도 볼 수 있을 정도로 공정해야 하는 것이다.

그러기 위해서는 우선 자기 자신의 능력을 과대평가해서는 안 된다.

많은 사람들이 대인관계에서 실패하는 이유는 편견과 증오심으로 그들의 적이나 경쟁자들을 과소평가하기 때문이다.

불필요한 약속은 하지 말라

하루 동안 지켜지지 않은 약속이 몇 가지인지 따져 보라. 신호를 지키고, 세금을 제때에 내는 것 등을 사회적인 약속으로 본다면, 우리가 하루 동안에 어기는 약속은 과연 얼마나 될까?

만약 야박한 아내와 남편, 혹은 친구들과 직장 동료들이 약속 위반에 대한 금전적인 보상을 요구해 온다면, 우리는 며칠 못 가 파산하여 거리로 나앉게 될 것이다.

약속을 가장 잘 지키는 방법은 약속을 하지 않는 것이다. 약속을 하지 않으면 양심에 대한 가책과 개인적 명성에 끼치는 손상으로부터 해방될 수 있다.

그러나 그보다 중요한 것은 '예스'라고 대답하기 전에 모든 것을 치밀하게 고려해야 한다는 것이다. 가장 중요한 몇 가지만을 약속하고, 이를 꼭 지킨다면 신뢰는 저절로 얻어질 것이다.

'예스'라고 대답하기 전에 모든 것을 치밀하게 생각하라. 가장 중요한 몇 가지만을 약속하고, 이를 꼭 지킨다면 신뢰는 저절로 얻어질 것이다.

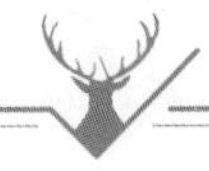

옷은 언어만큼이나 자신을 잘 표현한다

자신의 부를 지나치게 드러내려는 사람들은 대개 벼락부자임이 분명하다. 진정한 부유층은 돈에 대해 별로 관심이 없다. 전에도 부유했고 지금도 부유하며, 앞으로도 부유할 것이기 때문이다. 그들의 옷차림은 비교적 평범해서 눈에 드러나게 부를 과시하는 건 아니지만, 반드시 어딘가 품격이 묻어난다.

옷차림은 언어만큼이나 자신을 잘 표현할 수 있다. 대인관계의 실력자는 입고 있는 옷을 통해서도 자신의 이미지를 높인다. 훌륭하고 깨끗한 옷을 입으면 자신감이 넘치지만, 질 나쁜 불결한 옷을 입으면 왠지 모르게 위축되기 마련이다.

그러나 어떤 경우에도 옷이 내면의 질을 능가하지는 못한다. 부적절한 조화는 자칫 웃음거리가 될 수 있음을 염두에 두어야 한다.

옷은 그 사람의 모든 이미지를 함축하고 있다. 그러나 어떤 경우에도 옷이 내면의 질을 능가하지는 못한다.

결단력이 필요할 때

첫째, 판단력과 집중력을 발휘하여 한 가지를 선택하라.

둘째, 타인에 대한 의존심을 버려라.

셋째, 허세를 부릴 필요는 없다.

넷째, 현실을 직시하라.

다섯째, 더 나은 것에 대한 미련을 버려라.

여섯째, 실패에 대한 두려움을 떨쳐 버려라.

일곱째, 자신에 대해 지나친 정직성을 요구하지 말라.

여덟째, 예상한 결과가 다르게 나왔더라도 절대 자책하지 말라.

결단력이 필요할 때는 우선 한 가지를 선택하라.

자신을 통제할수록 이득이 돌아온다

스스로를 통제하지 못하면, 다른 사람도 통제할 수 없다는 사실을 명심해야 한다. 당신을 화나게 하는 쓸데없는 이야기들에 대해 귀를 막는 방법을 개발하라. 어떠한 상황에서도 결코 남을 모욕하지 않으며, 어떤 이유로도 원한을 품지 않도록 자신을 다스려라.

그렇게만 하면 다른 사람들이 자신의 의견에 동의하지 않는다고 해도 결코 화내는 일이 없어질 것이다. 당신은 상대방이 동의하지 않는 이유에 대해 이해하려고 애씀으로써 더 많은 이득을 얻게 된다.

어떠한 상황에서도 결코 남을 모욕하지 않으며, 어떤 이유로도 원한을 품지 않도록 자신을 다스려라.

칭찬이 빛을 발하려면

당신의 칭찬이 빛을 발하려면 그 사람이 없는 곳에서 칭찬하는 것이 좋다. 또한 당신을 미워하거나 시기하거나 경쟁하는 사람도 칭찬해야 한다. 그렇다고 당신이 손해를 보거나 경쟁에서 뒤떨어지는 법은 결코 없을 것이다.

타인을 위한 칭찬은 자신의 가치를 높여 주는 최상의 방법이다.

타인을 위한 칭찬은 자신의 가치를 높여 주는 최상의 방법이다.

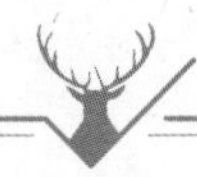

부정직한 사람을 구별하는 방법

부정직한 사람을 구별하는 데는 대체로 다음과 같은 잣대로 측정이 가능하다.

첫째, 수만 가지의 거짓 사실로 자신을 합리화한다.

둘째, 누가 보아도 사리에 어긋난 일을 아전인수 격으로 해석하여 진실을 왜곡한다.

셋째, 자신에게 이로운 행동만 한다.

넷째, 다른 사람의 행복과 권익을 침해하는 행위에 대해서는 관심을 갖지 않는다.

다른 사람의 행복과 권익을 침해하는 부정직한 사람을 구분해 낼 줄 알아야 한다.

대인관계

성공은
당신이 만나는 사람들에게
있다

긍정적인 사고방식은 사람의 마음을 끄는 자석이다

대인관계에서 호감을 얻기 위해서는 보다 건전하고 긍정적인 사고방식을 지속적으로 표출해야 한다. 밝은 표정을 짓고 활기찬 미래를 이야기하는 사람에게서는 맑은 시냇물 같은 상쾌함이 느껴진다. 그러나 어두운 표정으로 암울한 미래만을 이야기하는 사람에게서는 불쾌한 감정만 생길 뿐이다.

어떤 사람을 가까이하고, 어떤 사람을 멀리해야 할지는 우리 스스로도 너무나 잘 알고 있다.

대인관계에서 호감을 얻기 위해서는 건전하고 긍정적인 사고방식을 지속적으로 표출해야 한다.

편협한 대인관계는 버려라

세상을 잘 살아 나가기 위해서는 당신과 다른 성격, 다른 외양의 소유자와도 조화를 이루어야 한다.

성공하고 싶다면 많은 사람들을 만나라. 성공의 계기는 사물에 있지 않고, 당신이 만나는 사람들에게 있기 때문이다. 주위를 둘러보라. 행운을 가져다줄 사람이 없다면, 스스로 찾아 나서라.

만약 당신이 성공을 포기하고 현재에 만족한다면, 지금의 인간관계에 머물러도 좋다. 만약 이도 저도 싫다면 골방으로 들어가 창문을 닫고, 당신의 머릿속에 펼쳐지는 황홀한 환상 속에 잠겨 있기만 하면 된다. 그런 당신을 밖으로 데리고 나올 사람은 아무도 없을 것이다.

성공하고 싶다면 많은 사람들을 만나라. 성공의 계기는 사물에 있지 않고, 당신이 만나는 사람들에게 있기 때문이다.

반응은
신속히 하라

반응이 빠를수록 상대방에게 깊은 인상을 심어 줄 수 있다. 공이 날아오면 그 즉시, 되돌려 줄 수 있어야 한다. 인사를 받았으면 인사를 해야 하고, 도움을 받았으면 도움을 주어야 한다. 그 재빠른 반응에서 상대는 당신의 인품을 신뢰하게 된다.

모든 일을 자기 형편대로 판단하거나 행동하게 되면 적절한 타이밍을 놓치게 된다. 그리고 결국 상대방의 싸늘한 시선에 맞닥뜨리게 될 것이다. 받으면 반드시 돌려준다는 자세는 꼭 필요하다.

반응이 빠를수록 상대방에게 깊은 인상을 심어 줄 수 있다.

표정으로 나타내라

다른 사람과 대화를 하면서 무표정하게 있는 것은 좋은 태도가 아니다.

가만히 있는 것은 듣기 싫다거나, 마지못해 듣고 있다는 뜻으로 오해받을 수 있다. 상대방의 말에 집중하고 있다는 태도를 분명히 하자.

표정은 진지하게, 눈길은 다정하게, 긍정을 할 때는 분명하게 고개를 끄덕이는 것이 좋다. 물론 꾸밈이 있어서는 안 된다. 단지 감정에 충실하면 된다. 그러면 당신의 마음이 표정을 통해 보다 확실하게 전달될 것이다.

표정은 진지하게, 눈길은 다정하게, 긍정을 할 때는 분명하게 고개를 끄덕이는 것이 좋다.

평소에 작은 신뢰를 쌓아 두어라

평소 신망을 쌓아 두지 못한 사람은 조그만 잘못을 범해도 큰 질책이 돌아온다. 사기꾼들은 처음부터 속임수를 발휘하지 않는다. 그들은 우선 상대방의 신뢰를 얻기 위해 최선을 다하다가 때가 됐을 때 결정적인 속임수를 발휘한다.

평소에 작은 신뢰를 쌓아 두면, 큰 잘못을 저질러도 하루아침에 신망을 잃지 않는다. 당신이 어떤 사람의 마음속에 들어 있는 보물을 훔쳐 내려고 한다면, 먼저 신뢰를 쌓는 일부터 시작해야 한다.

평소에 작은 신뢰를 쌓아 두면, 큰 잘못을 저질러도 하루아침에 신망을 잃지 않는다.

자존심을 세워 주어라

상대방이 당신을 따르게 하는 확실한 방법이 있다. 상대방은 당신과 교제하는 동안 어떻게든 자신을 돋보이게 하려고 애쓸 것이다. 바로 그럴 때 상대방의 의견을 충분히 받아들임으로써 자존심을 한껏 세워 주는 것이다.

이 한 가지만 유념한다면, 당신은 좋은 사람으로 인식되고 원만한 인간관계도 형성할 수 있을 것이다.

상대방이 당신을 따르게 하는 확실한 방법이 있다. 상대방의 의견을 충분히 받아들임으로써 자존심을 한껏 세워 주는 것이다.

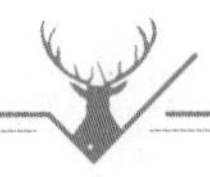

상대방의 약점에는 소경이 되어라

상대방을 조종하기 위해서는 상대방의 약점을 잡아야 한다. 하지만 진심으로 당신을 따르게 하기 위해서는 그 약점을 못 본 체해야 한다.

당신이 약점 하나 없는 완벽한 인간일지라도, 남의 약점에 확대경을 들이대서는 안 된다. 남의 흠을 찾거나 트집을 잡거나 불평하기란 너무 쉽다. 하지만 이런 일을 하는 사람들은 대개 어리석은 자들이다.

대화 도중 상대방의 약점이 드러났다고 해서 당신의 말이 진실이라고 우겨서는 안 된다. 그것은 상대를 막다른 골목으로 몰아가 성난 발톱으로 당신의 얼굴을 할퀴게 하는 것과 같다. 진실이라고 확신이 드는 말이라도 즉시 중단해야 한다. 그리고 은밀하게 그의 도피처를 마련해 주고 잠깐 동안 소경이 되는 것이다.

상대방을 조종하기 위해서는 상대방의 약점을 잡아야 한다. 하지만 진심으로 당신을 따르게 하기 위해서는 그 약점을 못 본 체해야 한다.

말을 잘하는 사람은 잘 듣는 사람이다

상대방의 이야기에 귀를 기울인다는 것은 상대방에게 표할 수 있는 최고의 경의이다. 대인관계를 성공적으로 이끄는 데 특별한 비결은 없다. 무엇보다도 당신에게 이야기하고 있는 사람에게 전적으로 주의를 기울이는 것이다. 혹독한 반대자나 과격한 비평가가 성난 말들을 쏟아 내고 있을 때라도 그의 말에 귀를 기울이는 청중이 단 한 사람이라도 있다면, 그들의 분노는 억제되고 부드러워진다.

세상 사람들의 마음을 움직이는 유일한 방법은 이야기를 들어주고 원하는 문제를 같이 이야기하며, 또 그것에 대해 조언을 해주는 것이다.

대인관계를 성공적으로 이끄는 특별한 비결은 당신에게 이야기하고 있는 사람에게 귀를 기울이는 것이다.

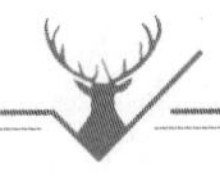

차선책을 준비해 두라

입씨름은 누구나 할 수 있지만, 쌍방이 모두 이길 수 없는 기묘한 게임이다. 싸우기 전에 먼저 진지하게 차선책을 제시하고 상의해 보라. 흥분의 먼지가 가라앉고 나면 두 사람 간의 의견 차이가 아주 사소할 뿐만 아니라, 오히려 일치하는 의견이 더 많았다는 사실이 놀랄 것이다.

협상에서의 최선책이란 차선책을 의미한다. 모두의 이익을 완벽하게 충족시키는 협상은 존재하지 않는다. 어떤 일을 지속적으로 밀고 나가기 어려울 때는 자신의 의견이 온당치 못하다고 생각하라. 그리고 최선의 융통성과 분별력을 발휘하라. 차선책을 제시하는 것은 지는 일 같지만, 결국 두 사람 다 승리하게 만드는 원동력이 된다. 대인관계의 실력자는 항상 제2, 제3의 차선책을 준비해 둔다.

협상에서의 최선책이란 차선책을 의미한다. 차선책을 제시하는 것은 지는 일 같지만, 결국 두 사람 다 승리하게 만드는 원동력이 된다.

상대방이 말을 하도록 이끌어라

유능한 세일즈맨은 이것저것 제품을 설명하기보다는 고객이 이러쿵저러쿵 얘기를 하도록 만든다.

만일 상대방에게 자신의 의도를 관철시키고 싶다면, 우선 상대가 하고 싶은 말을 다할 수 있도록 내버려 둬야 한다. 당신이 할 일은 그저 질문을 던져, 그 사람 스스로 설명하도록 만드는 것이다.

다소 의견의 차이가 있다고 해도 중간에 말을 가로막지 말라. 상대는 할말이 남아 있는 동안, 당신의 말에 별로 주의를 기울이지 않을 것이다. 당신의 의견을 설명하는 것은 그 사람의 말이 모두 끝난 후여야 한다.

상대방에게 자신의 의도를 관철시키고 싶다면, 우선 상대가 하고 싶은 말을 다할 수 있도록 내버려 둬야 한다.

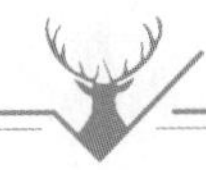

사람들이 대화하고 싶도록 만들어라

대화를 하고 난 후, 유쾌한 감정이 들 때와 불쾌한 감정이 들 때가 있다. 그것은 대화 상대에 따라 달라진다. 좋은 대화 상대라는 인상을 주려면, 아래의 방법 중 적어도 세 가지 이상의 사항은 준수해야 한다.

첫째, 상대방의 말을 진지하게 경청한다.

둘째, 상대방이 쉽게 대답할 수 있는 질문을 한다.

셋째, 상대방이 자신을 자랑할 수 있도록 유도한다.

넷째, 얘기를 하는 동안 상대방의 관심은 오로지 자기 자신에게 있음을 이해한다.

다섯째, 당신이 얘기할 차례는 항상 상대방의 얘기가 끝난 다음이다.

상대에게 좋은 대화 상대라는 인상을 주어라.

비방은 줄이고
칭찬은 늘린다

만일 어떤 사람이 다른 사람을 비방하고 있다면, 그에 휩쓸리지 않도록 주의하면서 들어라. 누구나 자기가 좋아하지 않는 사람에게서는 오로지 나쁜 면만을 발견하기 마련이다. 상대가 다른 사람의 약점을 말할 때 과장되게 듣지 않고, 남의 장점을 축소하여 말할 때 이를 부풀려 생각한다면, 비방하는 자와 비방의 상대자를 한꺼번에 구출할 수 있게 된다.

다른 사람을 비방하는 소리를 들어도 그에 휩쓸리지 말라.

상대를 이해하면 논쟁을 피할 수 있다

논쟁을 부르는 가장 주된 이유는 자기 생각은 옳고 남의 생각은 틀렸다고 판단하는 데 있다. 반드시 유의해야 할 것은 상대의 생각이 완전히 잘못된 것이라 하더라도, 당사자는 그렇게 생각하지 않는다는 것이다.

논쟁을 피하는 첫걸음은 우선 상대방의 입장에 서 보는 것이다. 상대가 그렇게 주장하는 데에는 나름의 이유가 있을 것이다. 그 이유를 이해한다면, 당신은 무해한 논쟁에서 아무런 피해 없이 비켜 나가는 길을 찾게 될 것이다.

논쟁을 피하는 첫걸음은 우선 상대방의 입장에 서 보는 것이다. 상대가 그렇게 주장하는 데에는 나름의 이유가 있다.

기준의 막대를 움직이지 말라

대인관계가 훌륭한 사람은 스스로 지침이 될 만한 기준을 갖고 있다. 그리고 언제나 그 기준에 따른다. 그것이 득이 되든 독이 되든 상관없이 그 기준을 지킨다.

자신에게 득이 될 때와 마찬가지로 잠정적 불이익이 예견된다 해도 그 기준을 충실하게 적용해야 한다. 기준을 적용함으로써 당하게 되는 불이익은, 언젠가 더 많은 이익으로 돌아온다는 사실을 믿어야 한다.

자신의 이익에 맞게끔 순간순간 행동의 기준을 옮기는 사람들은 자신을 합리화하기 위해 숱한 변명을 남발해야 한다. 하지만 그런 사람들은 장차 다가올 불이익이 지금의 조그만 이익을 상쇄하고도 남는다는 사실을 알지 못한다.

대인관계가 훌륭한 사람은 스스로 지침이 될 만한 기준을 갖고 언제나 그 기준에 따른다.

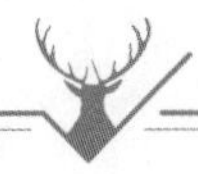

'예스'와 '노'를 분명히 말하라

'예스'라고 말한 일은 책임지고 완성시켜야 한다. 할 수 없는 일이라면 처음부터 분명히 거절한다. 거절하는 것이 냉정하게 느껴질지 모르나, 맡은 일을 완성시키지 못해 상대가 실망하고 돌아가는 것보다는 낫다.

할 수 없는 일이라면 처음부터 분명하게 거절하라.

장점을 부각시켜 말하라

사람을 잘 다루는 것은 그 사람의 큰 재산이다. 현명한 인물들을 잘 끌어 모으는 사람들은, 상대방의 단점보다는 장점을 끄집어내어 부각시킨다. 누구나 상대방의 단점은 쉽게 이야기하지만, 장점을 말하기란 매우 어렵기 때문이다.

현명한 인물들을 잘 끌어 모으는 사람들은, 상대방의 단점보다는 장점을 끄집어내어 부각시킨다.

모든 사람을 내 편으로 만들 수는 없다

당신의 말과 행동은 상대방에게 그다지 중요한 것이 못 된다. 또 당신이 하는 일이나 견해가 아무리 신성하고 고상하더라도 모두가 동의해 주지는 않는다.

따라서 만나는 사람들이 모두 당신을 사랑하고, 칭찬하고, 지지할 거라고 생각하지 말라. 절반의 사람이 당신의 취지를 이해하고 지지해 준다면, 설사 다른 절반이 비웃더라도 승리한 것과 다름없다.

절반의 사람이 당신의 취지를 이해하고 지지해 준다면, 설사 다른 절반이 비웃더라도 승리한 것과 다름없다.

용서는 상대를 이기는 방법이다

만일 누군가가 당신의 빰을 때리거든 다른 쪽 빰도 내밀 줄 알아야 한다. 싸움에서 이기는 길은 맞대응함으로써 얻어지는 것이 아니다. 싸움을 걸어오는 상대를 용서하고, 당신을 낮추어 상대의 화를 그대로 받아들이는 것이 바로 이기는 것이다.

이때 유의할 것은 그것이 내면의 힘, 즉 용서의 힘이 아니라 비겁함 때문이라면, 그것은 바로 상대에게 자기의 약점을 드러내는 꼴이 된다. 이는 용기를 짜내어 상대의 빰을 치는 것보다 못하다.

싸움에서 이기는 길은 맞대응함으로써 얻어지는 것이 아니다.

전문가로 예우하라

언제부턴가 청소부라는 호칭이 환경 미화원으로 바뀌었는데, 이는 마치 환경을 아름답게 가꾸는 전문가라는 말로 들린다. 보험 모집원을 생활 설계사라고 부르는 것도 참으로 멋진 발상이다. 간호원 대신 간호사라고 하면 이론과 실기를 겸비한 전문가처럼 들린다. 물론 그들의 일이 실제로 달라진 것은 아무것도 없지만 말이다.

상대방에게 전문가의 권위를 부여해 주는 것은 의외의 이득을 불러온다. 예를 들어 당신이 야채나 생선을 산다고 가정해 보자. 이것저것 아는 체하며 고르기보다는 차라리 이렇게 말하는 것이 더 낫다.

"저는 잘 모르겠어요. 전문가인 당신이 좋은 걸 좀 골라 주시겠어요?"

상대방은 최상의 물건을 골라 줄 뿐 아니라, 어떻게 하면 좋은 상품을 고르는지 그 방법까지 알려 줄 것이다.

상대방에게 전문가의 권위를 부여해 주는 것은 의외의 이득을 불러온다.

질문으로 유대감을 형성한다

상대와 더 많은 대화 시간과 유대감을 갖고 싶다면, 질문을 하는 것도 하나의 방법이다. 모르는 것이 있는데도 체면을 생각해서 아는 체 침묵하는 것은 서로간에 아까운 시간을 낭비하는 것이다. 질문은 상대방으로 하여금 지적 우월감을 느끼게 하고, 그로 인해 대화 시간을 오래 지속할 수 있게 해준다. 또한 공통의 화제를 부여함으로써 상대방과의 유대감을 돈독히 할 수 있다. 그러나 질문이 화제와 전연 동떨어지거나 수준 이하의 것이라면, 아예 하지 않는 편이 낫다.

질문은 상대방으로 하여금 지적 우월감을 느끼게 하고, 그로 인해 대화 시간을 오래 지속할 수 있게 해준다.

부당한 비난일수록 반박하지 말라

상대방이 부당한 비난을 가해 온다고 해도 싫은 표정을 지어서는 안 된다. 부당한 비난은 언젠가는 그 베일이 벗겨지기 마련이다. 다음과 같은 격언을 되살려 자신을 다스리자.

"부당한 비난은 위장된 찬사다."

시간이 지나면 비난받은 자보다 비난한 자가 더 고통스러워진다. 하지만 우리들은 이 사실을 잊은 채, 너무 쉽게 남을 비난한다.

시간이 지나면 비난받은 자보다 비난한 자가 더 고통스러워진다. 하지만 우리들은 이 사실을 잊은 채, 너무 쉽게 남을 비난한다.

사람은 관리의 대상이 아니다

현명한 지도자는 부하 직원들을 관리하기보다는 그들의 협조를 얻어 낸다. 어떤 지위나 권력으로 사람들을 조종하려는 것은 우스운 일이다. 진정한 리더는 사람들의 선두에 서서 성심껏 그들을 이끌어 가는 사람이어야 한다.

진정한 리더는 사람들의 선두에 서서 성심껏 그들을 이끌어 가는 사람이어야 한다.

은혜를 저버린 사람에게 원한을 갖지 않는 방법

첫째, 은혜를 저버리는 행위에 대해 고민하지 않으며, 은혜를 베풀 때는 다른 어떠한 것도 기대하지 않는다.

둘째, 자신이 베풀 수 있다는 기쁨을 위해 베푼다.

셋째, 감사하는 마음은 자연히 생겨나는 것이 아니라, 배워야만 가능한 것임을 깨닫는다.

자신이 베풀 수 있다는 기쁨을 위하여 베풀자.

권한을 위임할 줄 알아야 한다

유능한 상관은 부하의 재능을 신뢰하고 있으며, 최대한으로 활용한다. 그렇게 함으로써 자신도 함께 커 나갈 수 있기 때문이다.

원래 위임이란, 관리자가 갖는 의무와 권한을 동시에 양도하는 것이다. 무능력한 관리자일수록 권한을 위임하는 데 인색하다. 그리고 부하들의 재능을 시기하고 두려워하기 때문에 의무만을 떠넘기려 들며, 공적은 자기 탓으로 돌리고 과실은 부하에게 돌린다. 하지만 결국 그의 곁에 남는 사람은 아무도 없다.

유능한 상관은 부하의 재능을 신뢰하고 있으며, 최대한으로 활용한다.

진심으로 대하라

인격적인 위엄을 유지하는 것은 지도자에게 매우 중요한 요소이다. 부하들과 친구가 되어라. 그렇다고 부하에게 우정을 구걸하거나 비위를 맞추는 등 지도자의 품격을 떨어뜨려서는 안 된다.

만약 지도자가 충성과 존경과 헌신을 받을 자격만 갖추고 있다면, 부하들은 강요받지 않아도 그만큼 대접해 줄 것이다.

지도자가 충성과 존경과 헌신을 받을 자격을 갖추고 있다면, 부하들은 자연히 그를 따른다.

아랫사람의 고충을 파악하라

당신의 상사가 나쁘다고 불평할 필요는 없다. 당신도 언젠가는 많은 부하를 거느리는 상사가 될 것이다. 그때 이렇게 생각하면 좋을 것이다.

"부하로서 고충을 충분히 겪은 사람만이 훌륭한 상사가 될 수 있다. 역경을 겪어 보지 않고서는 고생에 대해 안다고 말할 수 없다."

부하로서 고충을 충분히 겪은 사람만이 훌륭한 상사가 될 수 있다.

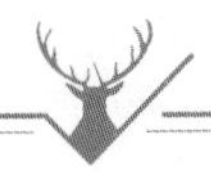

정확한 판단은 정확한 사실에 기인한다

어떤 지도자가 타인의 신뢰를 한 몸에 받고, 많은 추종자를 거느리고 있다면, 그것은 그의 정확한 상황 판단과 올바른 결정 때문이다.

훌륭한 리더는 결정을 내리기 전에 먼저 합리적인 상황 분석을 할 수 있어야 한다. 합리적인 상황 분석은, 결단을 내리는 순간까지도 그 일에 관한 모든 정보를 수집하여 전반적인 사실을 알고 있어야 가능하다. 독서나 공부를 통해도 좋고, 최후의 수단으로 선량한 스파이를 고용할 수도 있다. 그렇게 되면 어떻게 결정할지 스스로 해답이 떠오를 것이다.

반면 정보에 무관심한 사람은 일시적인 감정이나 편견, 충동에 쉽게 영향을 받는다. 하지만 그가 내린 결정은 대부분 엉터리로 판명나게 된다.

타인의 신뢰를 한 몸에 받고, 많은 추종자를 거느리고 있다면, 정확한 상황 판단과 올바른 결정을 할 줄 알아야 한다.

훌륭한 리더는 올바른 명령을 내린다

준비된 지도자는 침착하게 판단하여 명령을 내린다. 그래서 나중에 분석해 봐도 그 명령이 완전하지는 않았지만, 올바른 것이었음을 알게 된다. 어리석은 지도자는 중요한 위기 상황에서 매우 흥분하여 정신을 못 차린 채 경솔한 명령을 내렸다가는 이내 취소하곤 한다.

위기 상황이 발생했을 때는 합리적이기만 하다면 어떤 명령이라도 내리는 것이, 명령을 내리지 않는 것보다 낫다. 그리고 어떤 조치를 취하고 나면, 반드시 그것에 전념해야 한다. 흔들리면 안 된다. 동요하는 지도자를 따르는 부하는 없다.

준비된 지도자는 침착하게 판단하여 명령을 내린다. 그래서 나중에 분석해 봐도 그 명령이 완전하지는 않았지만, 올바른 것이었음을 알게 된다.

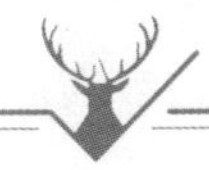

설교는 행동으로 하라

설교하려 들지 말라. 지도력은 자발적인 복종심에서 우러나는 것이지, 가르쳐서 이끌어 간다고 되는 것이 아니다.

부하들은 이미 지도자의 삶을 통해 무언의 설교를 들었다. 목소리만 클 뿐 행동이 비열하고 옷차림이 엉망인 지도자의 부하는, 역시 목소리만 크고 비열하며 옷차림이 엉망이다. 만일 썩어빠진 조직이라면, 그것은 지도자가 썩었기 때문이다.

지도력은 자발적인 복종심에서 우러나는 것이지, 가르쳐서 이끌어 간다고 되는 것이 아니다.

항상 엄해야 한다고 생각한다면

관리자의 자리에 오르면 무조건 엄하게 다스려야 한다고 생각하는 사람들이 많다. 그들은 채찍을 휘두르며 자신이 상관임을 의식적으로 내세운다.

하지만 그 결과는 부하들의 사기 저하와 실적 부진으로 나타난다. 부하들이 반항심을 품은 채, 겉으로만 복종하는 척하기 때문이다. 결국 피해를 당하는 쪽은 자신뿐이다.

엄하게만 다스리면 부하들은 반항심을 품는다. 결국 피해를 당하는 쪽은 관리자이다.

오만하면 존경심을 잃는다

오만한 리더일수록 예의가 없다. 그는 부하와 돈과 지위와 이 세상을 조화롭게 꾸려 나가려는 의지가 없다. 그런 사람의 머리를 조아리게 하는 것은, 오로지 그보다 더 많은 부와 명예를 획득한 자일 뿐이다.

그들은 진정한 존경심이 어디에서 생겨나는지 알지 못한다. 이런 리더를 만난 부하들은 불행하다. 아랫사람을 다스릴지 모르는 오만함은 리더가 버려야 할 가장 나쁜 습관이다.

오만한 리더일수록 예의가 없다. 이런 리더를 만난 부하들은 불행하다.

부하가 떠난 지도자는 불행하다

훌륭한 지도자는 부하들의 고통을 알아주고 동정함으로써 정신적으로 희생할 줄 알아야 한다. 부하들의 건강과 복지를 위해, 병을 앓고 있는 부하를 위해 자신의 얄팍한 지갑을 털 수 있어야 한다. 손익 계산을 따지지 말라. 그 돈은 때가 되면 되돌려 받을 것이다.

부하들이 떠나가는 것은, 집의 초석이 하나 둘 빠지는 것과 같다. 지도력도 결국은 부하들이 있을 경우에만 가능하다는 점을 명심해야 한다.

훌륭한 지도자는 부하들의 고통을 알아주고 동정함으로써 정신적으로 희생할 줄 알아야 한다.

아이디어는
존중해 주어야 한다

창조력은 누구나 갖고 있지만, 불행히도 내부에서 억압되어 있는 경우가 많다. 따라서 유능한 관리자라면 부하들의 창조력을 충분히 발휘시킬 수 있어야 한다.

사람들은 자신의 내면에 창조력이 있다는 사실을 애써 외면한다. 자신의 아이디어가 사람들로부터 비난받지 않을까, 무시당하지는 않을까 하는 불안감 때문이다. 하지만 아무리 비현실적인 아이디어라 해도 결코 무시해서는 안 된다. 만족할 만한 아이디어가 아니더라도 공정하게 평가만 할 뿐, 결코 공격해서는 안 된다. 창조성이 환영받는다는 사실이 명백해지면 불안감은 저절로 사라지게 될 것이다.

아무리 비현실적인 아이디어라 해도 결코 무시해서는 안 된다. 만족할 만한 아이디어가 아니더라도 공정하게 평가만 할 뿐, 결코 공격해서는 안 된다.

손해를 끼쳤다면 솔직하게 인정하라

아무리 친한 사이라도 상대에게 손해를 끼쳤다면, 진지하고 솔직한 자세로 설명해야 한다. 단지 사실만을 설명하는 것이다. 어설픈 변명이나 주관이 개입된 설명을 해서는 안 된다. 또한 우정에 기대를 걸고 어물쩍 넘어가려 해서도 안 된다.

설사 상대방이 용서했다 하더라도 완전히 끝난 것으로 생각하지 말라. 손해는 두고두고 상대의 머릿속에 저장되어 있을 것이다.

손해는 빠른 시간 내에 갚는 것이 좋다. 손해를 보상할 수 없다면, 유사한 은혜로라도 빚을 청산해야 한다. 그래야 비로소 남들 앞에 떳떳이 설 수 있다.

손해는 상대의 기억 속에 두고두고 남아 있을 것이기 때문에 빠른 시간 내에 갚는 것이 좋다.

나쁜 영향을 끼치는 사람을 피하라

인간과 인간의 만남은 알게 모르게 서로에게 많은 영향을 끼친다. 설사 상대방의 이름이나 얼굴은 잊더라도, 당신의 마음속 어딘가에는 만났던 사람의 모습이 남아 있게 된다. 당신이 미워하고 두려워했던 점이 당신의 내부에 남아 당신의 말투와 행동, 사고방식에 나쁜 영향을 끼칠 수도 있다.

따라서 타인을 만날 때에는 그를 위해 얼마나 시간을 쓸 것인가, 어디까지 교제를 허락할 것인가에 신중을 기하지 않으면 안 된다.

타인을 만날 때에는 그를 위해 얼마나 시간을 쓸 것인가, 어디까지 교제를 허락할 것인가에 신중을 기하지 않으면 안 된다.

상호 협력은 성공의 밑거름이다

치열한 생존경쟁 사회에서 아무 도움 없이 혼자만의 힘으로 큰 성공을 거두기란 매우 어렵다. 설사 그런 능력을 갖추고 있다 하더라도 그것이 지나친 에너지와 시간의 낭비를 가져온다면, 이는 진정한 의미의 성공이라고 할 수 없다.

적당한 시기에 도움을 받을 수 있다면, 그것은 당신에게 매우 유용하다. 당신을 무조건적으로 도와주려는 사람이 있거나, 그런 사람들을 만들 수 있다는 것은 분명 당신의 훌륭한 능력이다.

당신을 무조건적으로 도와주려는 사람이 있거나, 그런 사람들을 만들 수 있다는 것은 당신의 훌륭한 능력이다.

빚은 반드시 갚아야 한다

상대방의 선한 일은 금방 잊혀지지만, 악한 일은 오래도록 기억에 남는다.

빚이란 빌려준 자나 갚지 않는 자에게 평생 따라다닐 그림자와 같다. 빚진 자가 죽어 장례를 치를 때에도, 사람들은 그의 업적을 칭송하기보다는 빌려주고 받지 못한 돈을 생각한다. 따라서 저 세상으로 가기 전에 한 푼의 빚도 남겨서는 안 된다.

빚이란 빌려준 자나 갚지 않는 자에게 평생 따라다닐 그림자와 같다.

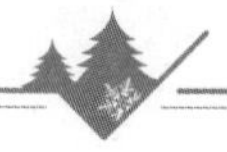

믿지 않으려면 맡기지 말라

어떤 사람에게 일을 맡기면 끝까지 신뢰해야 한다. 중간에 믿음을 잃고 일일이 간섭하는 것은 처음부터 일을 맡기지 않는 것만 못하다. 끊임없는 간섭은 스스로를 피곤하게 만들 뿐만 아니라, 상대의 반발을 불러일으키게 된다.

어떤 사람에게 일을 맡기면 끝까지 신뢰해야 한다.

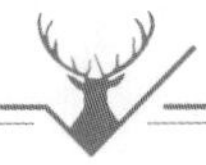

타인의 오해를 불러일으키는 미덕은 자제하라

남에게 베푼 미덕에 대해 지나친 기대를 가져서는 안 된다. 미덕은 당신에게 우월감과 안도감은 줄 수 있을지 모른다. 그러나 때때로 상대방에게 지나친 기대감을 품게 해, 예기치 못했던 위선과 증오를 만들어 낼 수도 있다.

자신의 마음을 돌아보라. 미덕으로 인해 칭찬받거나 잘난 체 하려는 마음이 조금이라도 있다면, 그 미덕은 당장 거두어들여야 한다.

미덕은 당신에게 우월감과 안도감은 줄 수 있을지 모른다. 그러나 때때로 상대방에게 지나친 기대감을 품게 해, 예기치 못했던 위선과 증오를 만들어 낼 수도 있다.

의롭지 못한 이익은 외면하라

만일 당신과 가까운 사람이 의롭지 못한 방법으로 커다란 이익을 창출하고 있더라도 절대 가담해서는 안 된다. 당신이 묘한 심리적 갈등으로 그 주변을 서성거리는 것은, 이익의 일부분이 자신에게 돌아올지도 모른다는 기대감 때문이다. 그러나 그러한 이익의 뒤편에는 항상 이익보다 더 큰 상실감이 기다리고 있음을 알아야 한다.

의롭지 못한 이익의 뒤편에는 항상 이익보다 더 큰 상실감이 기다리고 있다.

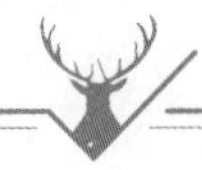

신비감은 대인관계를 지속시킨다

인간관계는 신선함을 유지해야 오래 지속된다. 상대방에게 매번 어떤 가능성과 기대를 품게 하는 것이다. 양파의 껍질을 벗기면 그 속에 더 윤기 있는 내면이 존재하듯, 만날 때마다 의외의 신선함과 팽팽한 긴장감을 선사하는 것이야말로 상대를 기쁘게 할 수 있다.

인간관계는 신선함을 유지해야 오래 지속된다.

진지하게 겸손하라

대인관계에 있어 진정한 실력자는 상대가 파고들 틈이 없을 정도로 겸손한 자세를 취한다. 나아가 현재의 사회적 지위, 직함 등은 자신의 실력으로 얻어 낸 것이 아니라, 주변 사람들이 내린 상이라고 말한다. 이런 진지한 겸손은 언제 어디서든 모든 사람으로부터 환영받게 된다.

진지한 겸손은 모든 사람으로부터 환영받는다.

많이 남는 장사

일반적인 상거래에서는 100원이 들었을 경우 상대에게 1,000원을 받아 내는 것이 올바른 계산법이다. 그러나 대인관계의 산술법은 정반대로 당신이 1,000원을 썼다면 상대에게는 100원을 쓰게 하는 것이다.

많이 쓰고 적게 거두는 것을 밑지는 장사라고 생각하는 것은 오산이다. 좋은 대인관계를 위한 투자는 단지 물질만을 뜻하지 않는다. 친절한 웃음, 상냥한 말투, 따뜻한 관심, 예의에 벗어나지 않는 행동, 기운을 북돋아 주는 말 한마디 등은 오히려 더 좋은 밑천이 된다. 이러한 밑천은 아무리 퍼내도 마르지 않는 화수분과 같다. 많이 쓰면 쓸수록 그만큼 이득이 된다.

많이 쓰고 적게 거두는 것을 밑지는 장사라고 생각하는 것은 오산이다. 좋은 대인관계를 위한 투자는 단지 물질만을 뜻하지 않는다.

기대를 명확히 하라

대인관계에서 나타나는 어려움 중의 하나는 상대에 대한 애매한 기대 때문에 발생한다. 우리는 새로운 상황에 직면할 때마다 자신에게 부과되는 기대를 파악해야 한다. 사람들은 상대방에 대한 기본적인 기대가 어긋났다고 느끼는 즉시 신뢰를 거두어 버린다.

따라서 상대방을 적대시할 생각이 없다 해도, 확실히 자기 편이라고 생각되기 전에는 대립되는 존재로 간주하는 것이 좋다. 그러고 나서 상대방이 얻고자 하는 기대를 파악해야 하는 것이다.

우리는 새로운 상황에 직면할 때마다 자신에게 부과되는 기대를 파악해야 한다. 사람들은 상대방에 대한 기본적인 기대가 어긋났다고 느끼는 즉시 신뢰를 거두어 버린다.

상대방을 대할 때는 예습이 필요하다

상대방에 대한 정보를 충분히 갖고 있다면, 어떤 것이 상대방의 급소를 찌를 수 있을지 파악할 수 있다. 따라서 아무리 사소한 정보라도 적극적으로 수집하여 상대방에 대한 지식을 얻을 수 있도록 해야 한다. 자신이 무엇을 말할 것이며, 상대방과의 이해관계를 어떻게 조화롭게 만들 것인지 명백하게 정해 놓지 않은 채, 상대의 마음의 문을 열고 들어서려는 시도는 무모한 짓이다.

사소한 정보라도 적극적으로 수집하여 상대방에 대한 지식을 얻을 수 있도록 해야 한다.

스스로 조언자가 되어라

대인관계에 변화와 혼돈이 일어날 때 가장 효과적인 처방은 가만히 침묵하며 자신에게 조언하는 것이다.

만약 당신의 실수가 더없이 참담하게 느껴진다면, 그 실수가 다른 사람의 것이라고 상상하라. 그동안 당신은 타인의 문제에 감동적인 조언을 아끼지 않았다. 그들에게 했던 것처럼 당신 자신에게도 조언을 아끼지 말라.

"다른 사람들은 모두 바빠서 내 실수 따윈 기억하지도 못할 거야."

만약 당신의 실수가 더없이 참담하게 느껴진다면, 그 실수가 다른 사람의 것이라고 상상하라.

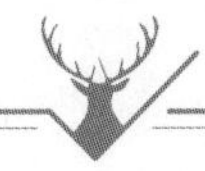

서로에게 이익이 되게 하라

새로운 사람을 사귀고자 한다면 반드시 이 말을 기억하자.

"이익이 서로 비슷할 때 협력이 뒤따를 것이다. 상호 협력은 또 다른 이익을 가져오고 정으로 발전한다."

당신과 함께 지내는 사람들은 반드시 당신에게 무언가를 줄 수 있는 사람들이다. 서로간에 이익을 주지 못한다면 애써 시간을 낭비할 필요가 없다.

당신과 함께 지내는 사람들은 반드시 당신에게 무언가를 줄 수 있는 사람들이다. 서로간에 이익을 주지 못한다면 애써 시간을 낭비할 필요가 없다.

기대에 합당한 대우를 해주어라

상대가 악인이기를 바란다면, 그에 적절한 기대감을 보여 주면 된다. 만일 그가 매우 정중한 신사이기를 원한다면, 그에 걸맞은 기대감을 나타내라. 그러면 신사 대우를 받은 상대도 신사로서 부끄럽지 않게 행동하려고 노력할 것이다. 당신은 어떠한 경우에도 상대를 함부로 대해, 신사를 악인으로 둔갑시켜서는 안 된다.

상대방이 정중한 신사이기를 원한다면, 그에 걸맞은 기대감을 나타내도록 하라.

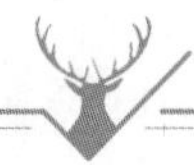

숭고해지기를 바라는 마음에 호소하라

많은 사람들이 자신에 대해 큰 자부심을 갖고 있으며, 이상주의자로서 그럴싸하게 보일 수 있는 동기를 찾아내려고 한다. 다른 사람에게 비치는 자신의 이미지가 지금보다 더 숭고해지기를 바라는 것이다. 현실적으로 그들의 바람이 가당치 않은 일이라 할지라도, 애써 그들의 고귀한 이미지를 부수려고 망치를 들어서는 안 된다. 그들의 바람대로 성실하고, 정직하고, 진실한 존재라고 인정해 주도록 하라.

사람은 누구나 칭찬에 약하다. 하지만 상대방을 고귀하게 만들어 주는 데에 값싼 아부를 동원해서는 안 된다. 거기에 필요한 것은 진실한 마음이다.

상대방을 고귀하게 만들어 주는 데에 값싼 아부를 동원해서는 안 된다. 거기에 필요한 것은 진실한 마음이다.

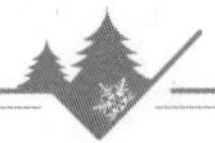

사랑할 수 없으면 차라리 동정하라

누구나 완벽하지 않은 이상, 세상 사람 모두를 사랑할 수는 없다. 그럴 때는 사람은 본래 외로운 존재라는 사실을 염두에 둘 필요가 있다.

세상 사람들 가운데 4분의 3은 어떤 이유로든 남의 동정을 받고 싶어 한다. 그런데도 우리가 동정을 베풀기를 주저하는 것은 어떤 조건이 갖추어지기를 기다리기 때문이다. 그러나 동정에 꼭 물질이 필요한 것은 아니다. 외로운 사람 곁에 있어 주고, 상대의 실수를 인정하고 진심으로 가슴 아파해 주며, 상대의 말을 가만히 들어 주고 고개를 끄덕여 주는 것만으로도, 상대의 외로움은 훨씬 줄어들 것이다.

누구나 세상 사람 모두를 사랑할 수는 없다. 그럴 때는 사람은 본래 외로운 존재라는 사실을 염두에 둘 필요가 있다.

유약한 이미지를 보이지 말라

만약 당신이 우유부단한 성격의 소유자라면, 상대방에게 강한 인상을 심어 줄 수 없다. 그런 사람으로 인식되지 않기 위해서는 중요한 시점마다 결단력을 보여 주어야 한다.

첫째, 그의 눈을 똑바로 쳐다보라.

둘째, 확신을 갖고 크게 말하라.

셋째, 생략 없이 완전한 문장으로 말하라.

넷째, 자세를 꼿꼿하게 유지하라.

위의 네 가지 자세를 유지할 수 있다면, 당신은 스스로를 결단성 있는 사람으로 인정하게 된다. 그런 생각은 자신감을 갖게 해 주고, 그 자신감은 당신 내면에 있는 결단력을 불러올 것이다.

상대방에게 강한 인상을 심어 주려면, 중요한 시점마다 결단력을 보여 주어야 한다.

상대방의 이중성을 인정하라

당신이 진실하다고 해서 상대방도 진실할 거라는 생각은 하지 말라. 사람은 한 가지로 정의내릴 수 없는 복잡한 시스템을 갖고 있다. 대인관계는 순수한 목적으로 추구되는 것이 옳다. 하지만 그것만이 대인관계의 진정한 의미는 아니다.

우리는 때때로 타인으로부터 사기를 당하거나, 미움을 받거나, 모함을 받게 된다. 진정한 대인관계란 그런 사람들을 인정하고 이해하는 것이다. 세계는 진실된 자들만의 것이 아니라, 악한 자들과도 더불어 살아가기 때문이다.

당신이 진실하다고 해서 상대방도 진실할 거라는 생각은 하지 말라.

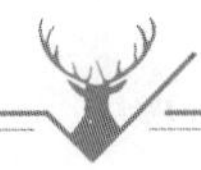

오해를 풀 때는
바로 지금이다

만약 오해로 인해 소중한 친구와 멀어졌다면, 당신은 이 세상이 다하기 전에 친구에게 찾아가야 한다. 인생은 우리가 생각하는 것만큼 그리 길지 않다. '화해해야지' 하고 망설이고 있는 동안에도 귀중한 시간은 흘러가고 있다. 친구에게 먼저 전화를 걸어 미안하다고 말하라. 어쩌면 친구도 사과할 기회를 엿보면서 망설이고 있었을지 모른다.

그러나 중요한 것은 당신이 먼저 사과하는 일이다. 자존심과 소중한 친구를 맞바꾸어서는 안 된다. 그리고 소중한 친구를 지킬 기회를 내일로 미루지 말 일이다.

자존심과 소중한 친구를 맞바꾸어서는 안 된다. 그리고 소중한 친구를 지킬 기회를 내일로 미루지 말 일이다.

한 번의 냉대가 원수를 만든다

사람들은 진심이 아닌 어떤 이익에 따라 상대방을 환대하기도 하고, 냉대하기도 한다. 환대는 열 번으로도 부족하지만, 냉대는 단 한 번으로도 그 사람을 원수로 만들 수 있다.

당신이 세상을 살아가는 동안 굳이 어떤 사람을 원수로 만들고자 한다면, 반드시 이 말을 기억하기 바란다.

"원수는 외나무다리에서 만난다."

환대는 열 번으로도 부족하지만, 냉대는 단 한 번으로도 그 사람을 원수로 만들 수 있다.

타인의 도움을 구하는 것은 최후의 일이다

모르는 것을 알기 위해 스스로 아무런 노력도 하지 않은 채, 무조건 남에게 가져가는 것은 좋지 않다. 적극적이라는 평가보다는 이기적인 인간으로 간주될 가능성이 크다. 자신의 필요에 따라 남의 힘을 함부로 이용하는 일은 자제해야 한다. 남의 도움을 자주 청하는 사람은, 가장 중요할 때 타인의 협조를 얻을 수 없어 궁지에 몰릴 수 있다.

적어도 남에게 협조를 구하려면, 나름대로 노력을 한 후에 구하는 것이 옳다. 미처 힘이 닿지 않는 부분에 대해서만 협조를 구한다면, 상대방도 너그럽게 당신의 요청에 응해 올 것이다.

남의 도움을 자주 청하는 사람은, 가장 중요할 때 타인의 협조를 얻을 수 없어 궁지에 몰릴 수 있다.

증오하려거든 사랑하자

적을 미워하는 것은 적을 강하게 만들 뿐이다. 그 증오로 말미암아 당신의 건강이나 행복까지도 화를 입게 될 것이다. 증오심은 다른 어떤 것보다도 에너지를 급격히 소모시킨다.

증오는 상대방을 이길 수 없을 뿐만 아니라 조그만 타격도 가하지 못한다. 증오할 바에는 차라리 사랑을 하자. 그것이 당신에게 조금이라도 이익이 되는 길이다.

적을 미워하는 것은 적을 강하게 만들 뿐이다. 증오심은 다른 어떤 것보다도 에너지를 급격히 소모시킨다.

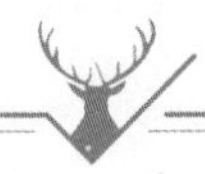

상대방이 이유 없이 멀어지려 할 경우

상대방이 멀어지려는 낌새가 느껴지면, 스스로 그 원인을 찾아야 한다. 사람들은 상대방의 실수에 관대하지 못하다. 그럴 때 당신은 그 이유를 생각해 보아야 한다.

이해타산적으로 행동하지 않았는가?

신중하고 공정하게 대해 주었는가?

노력 없이 일방적으로 성과를 기대하지는 않았는가?

말과 행동은 일치했는가?

무례한 행동은 없었는가?

우유부단하지는 않았는가?

위의 질문에 솔직하게 대답하고 잘못을 시인할 수 있다면, 자신을 슬기롭게 교정해 갈 수 있는 사람이다. 그러면 멀어지려던 사람도 다시 발걸음을 돌릴 것이다.

사람들은 상대방의 실수에 관대하지 못하다. 상대방이 멀어지려 하거든 그 이유를 생각해 보라.

반대 의견을 소중히 하라

당신의 의견에 반대한다고 해서 흥분하고 화를 내서는 안 된다. 당신에게 가르침을 주는 사람은 상냥하고 부드러운 사람이 아니다. 당신이 현명한 사람이라면 반대자들로부터 한 가지 이상은 배울 수 있어야 한다. 그들의 주장이야말로 당신의 생각과 언행을 다시 한 번 돌아보게 하기 때문이다.

특히 당신과 경쟁을 벌이는 누군가가 심하게 반박해 온다면, 그것은 과장이라기보다는 진실에 가깝다고 보는 것이 옳다. 당신이 완벽하지 않은 이상, 결점을 개선하는 일은 경쟁자를 위한 것이라기보다는 당신을 위한 것이기 때문이다.

당신이 완벽하지 않은 이상, 결점을 개선하는 일은 경쟁자를 위한 것이라기보다는 당신을 위한 것이다.

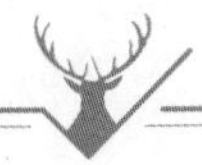

감사할 줄 모르는 사람에게는 은혜를 베풀어라

감사할 줄 모르는 사람의 몰염치를 불평할 필요는 없다. 그런 사람을 다루는 가장 좋은 방법은 계속해서 은혜를 베푸는 것이다. 물론 대가를 바라면 안 된다.

나중에 그는 은혜의 빚쟁이로 몰릴 것이며, 그 은혜를 갚지 않는 한 이자는 걷잡을 수 없이 늘어날 것이다. 그리고 마침내 그는 무거운 부채 때문에 당신 앞에 무릎을 꿇지 않을 수 없게 될 것이다.

감사할 줄 모르는 사람을 다루는 가장 좋은 방법은 계속해서 은혜를 베푸는 것이다.

편애는 적을 만드는 행위이다

두 사람이 논쟁을 하고 있을 때, 결과를 알기 전에 어느 한 사람의 머리를 쓰다듬어 주어서는 안 된다. 누구나 자신이 받고 있는 대우와 다른 사람이 받고 있는 대우를 비교하기 마련이다. 사람은 자신의 이익이 침해당할 위험에 놓이게 되면, 이성을 잃고 감정적으로 반응하게 된다.

페어플레이를 통해 경쟁하려는 의식은 인간 내면에 깃든 가장 골이 깊은 감정이다. 어떤 결과를 판별하기 전에 미리 한 사람의 편을 들어주는 편애는, 남은 한편의 반발심만을 불러일으켜 당신을 미워하게 만드는 예상치 못한 결과를 가져오기도 한다.

어떤 결과를 판별하기 전에 한 사람의 편을 들어주는 편애는, 남은 한편의 반발심만을 불러일으킨다.

후퇴할 수 없는 선을 정하라

만약 상대방이 당신을 좋게 보고 있는지, 당신의 이야기를 어떻게 생각할 것인지에 온 신경을 기울인다면, 상대방은 오히려 당신을 더 경계할 것이다. 상대의 말에 매번 아무 의견 없이 고개를 끄덕인다면, 당신은 주관 없는 사람으로 오인할 것이다.

많은 것을 양보하더라도 절대 후퇴할 수 없는 선을 정해 두어야 한다. 그곳에서는 투쟁도 불사하려는 마음으로 자신의 의견을 피력할 줄 알아야 한다. 당신의 주관이 뚜렷하고 흔들림이 없다면, 상대는 그 솔직성과 담대함에 반해 오히려 악수를 청해 올지 모른다.

절대 후퇴할 수 없는 선을 정해 두어야 한다. 그곳에서는 투쟁도 불사하려는 마음으로 자신의 의견을 피력할 줄 알아야 한다.